중식 조리기능사
실기시험문제

노수정(조리기능장), 문안나(조리기능장), 권정일(조리기능장)
김봉훈(조리기능장), 임병용(조리기능장), 최정민(조리기능장)

노수정
- 세종대학교 조리학 박사
- 성균관대학교 식품영양·위생 석사
- 현) 대경대학교 호텔조리과 교수
- 대한민국 조리기능장
- 조리기능사, 조리산업기사, 조리기능장 실기감독위원

문안나
- 한성대학교 외식경영학석사
- 현) 대경대학교 호텔조리과 교수
- 대한민국 조리기능장
- 조리기능사, 조리산업기사 실기감독위원

권정일
- 남가정 대표
- 동강대학교 외식조리제빵과 겸임교수
- 국가기술자격 조리산업기사실기시험 감독
- 국가기술자격 조리기능사실기시험 감독
- 대한민국 조리기능장

임병용
- 대한민국 조리기능장
- 현) 임병용 명인의 활진복어요리연구소 대표
- 신한서재능경력대학원 복어요리학 부문 박사
- 조리기능사, 조리산업기사, 조리기능장 실기감독위원
- 대한민국 문화예술 요리명인 / 대한민국 요리신지식인

김봉훈
- 대구가톨릭대학교 외식산업학과 석사
- 대한민국 조리기능장
- 현) 한국도로공사 충주방장
- 조리기능사, 조리산업기사, 조리기능장 실기감독위원

최정민
- 대구카톨릭대학교 식품외식산업학과 석사·박사
- 대한민국명인회 대한명인
- 한국신지식인협회 신지식인
- 대한민국 조리기능장
- 현) 대구카톨릭대학교 식품외식산업학과 외래교수

머리말

외식산업의

발달과 더불어서 음식문화에 대한 대중의 인식도 많은 변화를 가져오게 되었으며 그에 따른 조리업무는 무엇보다 건강과도 연결되어 조리사의 직업 세계는 이론적, 과학적 배경을 기초로 해서 더 나은 조리 기술 개발이 이루어져야 하겠습니다.

이 교재는 중식조리에 관련된 조리사로의 입문을 준비하거나 이미 입문하여 자격증을 준비하는 분들을 위해 국가직무능력표준(NCS)을 활용하여 시험문제를 채점기준에 맞추어 철저하게 분석하여 합격으로의 길로 인도해드리기 위해 다음과 같은 사항에 중점을 두어 엮었습니다.

- 1. 메뉴 전 과정을 수험생 스스로 사진을 보고 실습이 가능하도록 과정 컷을 늘려서 작업하여 이해도를 높였습니다.
- 2. 오랜 실기 감독 위원 활동을 통해 얻은 노하우를 조리법에 풀어서 썼으며 감독관의 중점 체크 포인트란을 두어 비중 있게 다루어야 하는 부분을 구분했습니다.
- 3. 참고사항을 통해 다시 한번 되짚어 보아야 하는 조리법을 상세히 설명하였습니다.

현 조리기능사 실기시험 위원들로 이루어진 저자들이 심혈을 기울인 이 수험서가 수험자 여러분들에게 합격의 영광이 있기를 기원합니다.

전과정의 조리 진행에 참여해 주신 사랑하는 제자분들과 사진촬영을 맡아주신 김장곤 선생님 교재의 발간을 위해 도움을 주신 ㈜도서출판 책과 상상의 임직원 여러분들에게 감사의 말씀을 드립니다.

저자 일동

▶ 이 책에 대한 내용 문의는 rsj7@tk.ac.kr 또는 010-5494-0990(저자-노수정)으로 해주시기 바랍니다.

Contents
이 책의 차례

중식

냉채조리

01 오징어 냉채
(凉 량 拌 반 鱿 유 魚 어 : 리앙빤요우위)

28

02 해파리 냉채
(凉 량 拌 반 海 해 蜇 철 皮 피 : 리앙빤하이찌피)

32

03 양장피잡채
(炒 초 肉 육 佩 량 張 장 皮 피 : 차오로우리양장피)

36

튀김조리

04 탕수육
(糖 당 醋 초 肉 육 : 탕추로우)
40

05 깐풍기
(乾 건 烹 팽 鷄 계 : 깐펑지)

44

06 탕수생선살
(糖 당 醋 초 魚 어 塊 괴 : 탕추위콰이)

48

07 라조기
(辣 랄 椒 초 鷄 계 : 라조오지)

52

볶음조리

08 부추잡채
(炒 초 韮 구 菜 채 : 차오지오차이)

56

09 고추잡채
(靑 청 椒 초 肉 육 絲 사 : 칭지아오로우쓰)

60

10 마파두부
(麻 마 婆 파 豆 두 腐 부 : 마포또우푸)

64

11 새우케첩볶음
(蕃 번 茄 가 蝦 하 仁 인 : 판치에샤런)

68

12 채소볶음
(炒 초 蔬 소 菜 채 : 차오수사이)

72

13 경장육사
(京 경 醬 장 肉 육 絲 사 : 징장리우쓰)

76

조림조리

14 난자완스
(南남 煎전 丸환 子자 : 난지엔완즈)

80

15 홍쇼두부
(紅홍 燒소 豆두 腐부 : 훙샤오또우푸)

84

밥조리

16 새우볶음밥
(蝦하 仁인 炒초 飯반 : 샤런)

88

면조리

17 유니짜장면
(肉육 泥니 炸작 醬장 麵면 : 로우니자지앙미엔)

92

18 울면
(溫온 鹵로 麵면 : 웬루미엔)

96

후식조리

19 빠스옥수수
(拔발 絲사 玉옥 米미 : 빠스위미)

100

20 빠스고구마
(拔발 絲사 地지 瓜과 : 빠스띠꾸아)

104

01. 시험장 준비물

중식조리기능사 지참준비물 목록

수험자 지참 준비물은 변경이 있을 수 있으므로 시험 전 큐넷을 통해 확인하시기 바랍니다.

번호	재료명	규격	단위	수량	비고
1	가위	-	EA	1	
2	계량스푼	-	EA	1	
3	계량컵	-	EA	1	
4	국대접	기타 유사품 포함	EA	1	
5	국자	-	EA	1	
6	냄비	-	EA	1	시험장에도 준비되어 있음
7	도마	흰색 또는 나무도마	EA	1	시험장에도 준비되어 있음
8	뒤집개	-	EA	1	
9	숟가락	차스푼 등 유사품 포함	EA	1	
10	랩	-	EA	1	
11	면보/행주	-	장	1	흰색
12	밥공기	-	EA	1	
13	볼(bowl)	-	EA	1	
14	비닐팩	위생백, 비닐봉지 등 유사품 포함	장	1	
15	상비의약품	손가락골무, 밴드 등	EA	1	
16	쇠조리(혹은 체)	-	EA	1	
17	마스크	-	EA	1	
18	앞치마	흰색(남,녀공용)	EA	1	위생복장(위생복, 위생모, 앞치마, 마스크)을 착용하지 않을 경우 채점대상에서 제외(실격)됩니다.
19	위생모	흰색	EA	1	
20	위생복	상의 - 흰색/긴소매, 하의 - 긴바지(색상무관)	벌	1	
21	위생타올	행주, 키친타올, 휴지 등 유사품 포함	장	1	
22	이쑤시개	-	EA	1	
23	접시	양념접시 등 유사품 포함	EA	1	
24	젓가락	-	EA	1	
25	종이컵	-	EA	1	
26	종지	-	EA	1	
27	주걱	-	EA	1	
28	집게	-	EA	1	
29	칼	조리용칼, 칼집포함	EA	1	
30	호일	-	EA	1	
31	후라이팬	-	EA	1	시험장에도 준비되어 있음

※ 지참준비물의 수량은 최소 필요수량으로 수험자가 필요시 추가지참 가능합니다.
※ 모든 조리기구에 눈금표시 사용 허용
※ 지참준비물은 일반적인 조리용을 의미하며, 기관명, 이름 등 표시가 없는 것이어야 합니다.
※ 지참준비물 중 수험자 개인에 따라 과제를 조리하는데 불필요한 조리기구는 지참하지 않아도 무방합니다.
※ 지참준비물 목록에는 없으나 조리에 직접 사용되지 않는 조리 주방용품(예, 수저통 등)은 지참 가능합니다.
※ 수험자지참준비물 이외의 조리기구를 사용한 경우 채점대상에서 제외(실격)됩니다.

02. 시험장 복장

03. 시험장 조리도구셋팅사진

중식 세팅

04. 위생상태 및 안전관리 세부기준 안내

순번	구분	세부기준
1	위생복 상의	• 전체 흰색, 손목까지 오는 긴소매 　- 조리과정에서 발생 가능한 안전사고(화상 등) 예방 및 식품위생(체모 유입방지, 오염도 확인 등) 관리를 위한 기준 적용 　- 조리과정에서 편의를 위해 소매를 접어 작업하는 것은 허용 　- 부직포, 비닐 등 화재에 취약한 재질이 아닐 것, 팔토시는 긴팔로 불인정 • 상의 여밈은 위생복에 부착된 것이어야 하며 벨크로(일명 찍찍이), 단추 등의 크기, 색상, 모양, 재질은 제한하지 않음 (단, 핀 등 별도 부착한 금속성은 제외)
2	위생복 하의	• 색상·재질무관, 안전과 작업에 방해가 되지 않는 **발목까지 오는** 긴바지 　- 조리기구 낙하, 화상 등 안전사고 예방을 위한 기준 적용
3	위생모	• 전체 흰색, 빈틈이 없고 바느질 마감처리가 되어 있는 일반 조리장에서 통용되는 위생모 (모자의 크기, 길이, 모양, 재질(면·부직포 등)은 무관)
4	앞치마	• 전체 흰색, 무릎아래까지 덮이는 길이 　- 상하일체형(목끈형) 가능, 부직포·비닐 등 화재에 취약한 재질이 아닐 것
5	마스크 (입가리개)	• 침액을 통한 위생상의 위해 방지용으로 종류는 제한하지 않음 (단, 감염병 예방법에 따라 마스크 착용 의무화 기간에는 '투명 위생 플라스틱 입가리개'는 마스크 착용으로 인정하지 않음)
6	위생화 (작업화)	• 색상 무관, 굽이 높지 않고 발가락·발등·발뒤꿈치가 덮여 안전 사고를 예방할 수 있는 깨끗한 운동화 형태
7	장신구	• 일체의 개인용 장신구 착용 금지 (단, 위생모 고정을 위한 머리핀 허용)
8	두발	• 단정하고 청결할 것, 머리카락이 길 경우 흘러내리지 않도록 머리망을 착용하거나 묶을 것
9	손/손톱	• 손에 상처가 없어야하나, 상처가 있을 경우 보이지 않도록 할 것 (시험위원 확인 하에 추가 조치 가능) • 손톱은 길지 않고 청결하며 매니큐어, 인조손톱 등을 부착하지 않을 것
10	폐식용유 처리	• 사용한 폐식용유는 시험위원이 지시하는 적재장소에 처리할 것
11	교차오염	• 교차오염 방지를 위한 칼, 도마 등 조리기구 구분 사용은 세척으로 대신하여 예방할 것 • 조리기구에 이물질(예, 테이프)을 부착하지 않을 것
12	위생관리	• 재료, 조리기구 등 조리에 사용되는 모든 것은 위생적으로 처리하여야 하며, 조리용으로 적합한 것일 것
13	안전사고 발생 처리	• 칼 사용(손 빔) 등으로 안전사고 발생 시 응급조치를 하여야하며, 응급조치에도 지혈이 되지 않을 경우 시험진행 불가
14	눈금표시 조리도구	• 눈금표시된 조리기구 사용 허용(단, 눈금표시에 재어가며 재료를 써는 조리작업은 조리 기술 및 숙련도 평가에 반영)
15	부정 방지	• 위생복, 조리기구 등 시험장내 모든 개인물품에는 수험자의 소속 및 성명 등의 표식이 없을 것 (위생복의 개인 표식 제거는 테이프로 부착 가능)
16	테이프사용	• 위생복 상의, 앞치마, 위생모의 소속 및 성명을 가리는 용도로만 허용

※ 위 내용은 식품안전관리인증기준(HACCP) 평가(심사) 매뉴얼, 위생등급 가이드라인 평가 기준 및 시행상의 운영사항을 참고하여 작성된 기준입니다.

05. 위생상태 및 안전관리에 대한 채점기준 안내

위생 및 안전 상태	채점 기준
1. 위생복(상/하의), 위생모, 앞치마, 마스크 중 한 가지라도 미착용한 경우 2. 평상복(흰티셔츠, 와이셔츠), 패션모자(흰털모자, 비니, 야구모자) 등 기준을 벗어난 위생복장을 착용한 경우	실격 (채점대상 제외)
3. 위생복(상/하의), 위생모, 앞치마, 마스크를 착용하였더라도 • 무늬가 있거나 유색의 위생복 상의 · 위생모 · 앞치마를 착용한 경우 • 흰색의 위생복 상의 · 앞치마를 착용하였더라도 부직포, 비닐 등 화재에 취약한 재질의 복장을 착용한 경우 • 팔꿈치가 덮이지 않는 짧은 팔의 위생복을 착용한 경우 • 위생복 하의의 색상, 재질은 무관하나 짧은 바지, 통이 넓은 힙합스타일 바지, 타이츠, 치마 등 안전과 작업에 방해가 되는 복장을 착용한 경우 • 위생모가 뚫려있어 머리카락이 보이거나, 수건 등으로 감싸 바느질 마감 처리가 되어 있지 않고 풀어지기 쉬워 일반 조리장용으로 부적합한 경우 4. 수험자의 소속이나 성명이 있는 위생복 또는 조리기구를 사용(착용)한 경우 5. 이물질(예, 테이프) 부착 등 식품위생에 위배되는 조리기구를 사용한 경우 ※ 위생복 테이프 부착은 식품위생 위배 조리기구에 해당하지 않음	'위생상태 및 안전관리' 점수 전체 0점
6. 위생복(상/하의), 위생모, 앞치마, 마스크를 착용하였더라도 • 위생복 상의가 팔꿈치를 덮이는 하나 손목까지 오는 긴소매가 아닌 위생복(팔토시 착용은 긴소매로 불인정), 실험복 형태의 긴가운, 핀 등 금속을 별도 부착한 위생복을 착용하여 세부기준을 준수하지 않았을 경우 • 테두리선, 칼라, 위생모 짧은 창 등 일부 유색의 위생복 상의 · 위생모 · 앞치마를 착용한 경우 (테이프 부착 불인정) • 위생복 하의가 발목까지 오지 않는 8부바지 • 위생복(상/하의), 위생모, 앞치마, 마스크에 수험자의 소속 및 성명을 테이프 등으로 가리지 않았을 경우 7. 위생화(작업화), 장신구, 두발, 손/손톱, 폐식용유 처리, 안전사고 발생 처리 등 '위생상태 및 안전관리 세부기준'을 준수하지 않았을 경우 8. '위생상태 및 안전관리 세부기준' 이외에 위생과 안전을 저해하는 기타사항이 있을 경우	'위생상태 및 안전관리' 점수 일부 감점

※ 위 기준에 표시되어 있지 않으나 일반적인 개인위생, 식품위생, 주방위생, 안전관리를 준수하지 않았을 경우 감점처리 될 수 있습니다.
※ 수도자의 경우 제복 + 위생복 상의/하의, 위생모, 앞치마, 마스크 착용 허용

06. 실기시험 위생과 안전채점 배점안내

 위생과 안전 채점 세부항목(총 10점)

실기시험은 실기과제와 위생과 안전을 합하여 100점으로 채점하게 되어있으며 위생과 안전채점의 세부항목은 다음과 같습니다. 다음의 내용을 숙지하여 실기시험에 임하도록 합시다.

	세부항목	예	아니오
개인위생 (3점)	1) 위생복, 위생모, 앞치마, 위생화를 청결한 상태로 착용하고 있습니다.	○	×
	2) 장신구를 착용하지 않았습니다. (시계, 반지, 귀걸이, 목걸이, 팔찌 등)	○	×
	3) 손과 손톱은 청결합니다. (손톱 짧게, 매니큐어 및 인조손톱부착 금지)	○	×
	4) 얼굴, 두발이 깨끗하고 단정합니다. (긴머리일 경우 단정히 묶거나 머리망 착용 등)	○	×
	5) 손에 상처가 없거나 상처가 있을 경우 보이지 않게 깨끗이 처리하였습니다.	○	×
식품위생 (조리과정) (4점)	1) 식재료를 위생적으로 취급합니다. (세척, 식재료 떨어트리지 않기 등)	○	×
	2) 음식의 맛을 보지 않았습니다.	○	×
	3) 조리기구를 위생적으로 취급하며 정리정돈을 잘 합니다. (도마, 칼 등으로 인한 교차오염 방지(세척))	○	×
	4) 조리대 등 조리 주변 환경을 청결하게 유지합니다.	○	×
	5) 행주는 청결하게 취급하고 있습니다.	○	×
	6) 조리 중 행동이 위생적입니다. (조리 중 머리나 얼굴을 만지지 않는 등)	○	×
주방위생 (정리정돈) (2점)	1) 시험종료 후 조리기구가 청결합니다.	○	×
	2) 조리대 등 주변환경(가스레인지 포함)이 청결합니다.	○	×
	3) 씽크대(거름망 청소 등)가 청결합니다.	○	×
	4) 조리기구 정리정돈을 잘 하였습니다.	○	×
	5) 음식물쓰레기를 지정 장소에 처리하였습니다.	○	×
안전관리 (1점)	1) 개인 및 시설·장비를 안전하게 관리(사용)하면 만점 (조리장비·도구(화구 등) 사용 전 이상 유무 점검, 칼에 대한 사용 안전(손 빔), 개인 안전사고시 응급 조치 실시, 튀김기름 적재장소 처리 등)		

중식 조리기능사

CHAPTER

중식의 개요
중식 기초손질
중식 실기

중국 요리의 개요

중국요리의 특징

중국의 음식문화는 5천여 년의 오랜 역사를 가지고 있는데 국토가 넓어 각 지방의 기후, 풍토, 산물 등에 각기 특색이 있어 요리의 종류와 조리법의 다양화는 기나긴 역사 속에서 발전을 거듭할 수 있었다.

광활한 땅에서 나는 곡식, 야채, 각종 육류 등 모든 것이 음식의 재료이며, 땅이 넓은 만큼 종류가 다양하고 지역별의 취향 또한 매우 다르다.

중국 음식은 단순하게 맛만을 추구하지 않으며 맛보다 더 깊은 의미인 건강을 생각하는 양생(養生)과 일물전체식(一物全體食)사상은 어떤 재료도 버리지 않는 건강의 소중함과 검소함까지 엿볼 수 있다.

◆ 자유롭고 광범위한 재료 선택

중국의 음식문화는 풍부하고 다채로우며 중국의 지리환경 및 역사, 여러 민족 등의 각종 요소와 불가분의 관계에 있다. 그로 인해 다양한 식물과 동물이 재료로 사용되고 있으며, 오리를 재료로 하는 요리의 가짓수만 50여 가지가 될 정도이다.

◆ 다양하고 풍부한 맛

중국인들은 단맛, 짠맛, 신맛, 매운맛, 쓴맛의 다섯 가지의 맛 외에 향과 냄새를 미묘하게 배합한 다양한 요리들이 있는데 이러한 중국 음식은 전 세계에서 손 꼽힐 정도로 다양한 맛을 가지고 있으며 음식의 종류 또한 풍부하다.

◆ 조미료와 향신료의 다양성

재료 특유의 잡내를 제거해주거나 감칠맛을 더해주는 향신료와 조미료의 종류 또한 다양하다. 일반 식당에서 쓰는 양념의 종류만 하여도 50여 가지가 되며, 조미료의 종류 또한 500여 종에 이른다. 중국요리의 맛이 독특하고 풍부한 것도 이처럼 많은 종류의 조미료와 산초, 계피, 파, 마늘 등의 향신료를 적절히 사용하기 때문이다.

◆ 다양한 조리법과 불의 중요성

조리기구가 간단한데에 비해 조리법은 굉장히 다양하여 용어만 해도 100여 개가 넘는다. 일반적으로 많이 사용하는 조리법은 국 요리, 기름에 튀기는 법, 기름에 볶는 법, 팬에 약간의 기름을 두른 후 지지는 법, 직접 불에 굽는 법, 약한 불에 국물을 넣고 오랜 시간 쪄내는 법, 훈제하는 법 등이 있다. 또한 중국요리는 불의 세기와 볶는 시간에 그 요리의 성패가 달려 있다고 할 만큼 불의 세기가 중요하다.

중국의 4대 요리

1) 광동요리

중국 광동요리는 '하늘을 날아다니는 것 중 비행기를 빼고 땅에 서 있는 네 발 달린 것 중에서는 책상을 빼고 모두 다 먹는다.'는 말이 있을 정도로 재료가 다양하다. 예로부터 무역의 중심지였기 때문에 교류가 많았으며 독특한 식재료들이 섞이기 시작하여 지금의 문화가 탄생 되었다. 하지만 문화와 식재료가 섞인다고 해서 맛이 흐려지는 것이 아니라 오히려 자연의 맛을 찾아가게 되었으며, 그로 인해 요리들이 담백하고 독특한 재료를 많이 쓰는 명성에 걸맞게 상어 지느러미, 제비집 요리가 유명하다. 또한 단맛이 나는 요리가 많고 걸쭉하게 만들어내는 요리가 많다.

2) 북경(산동)요리

중국 북부지방을 대표하는 북경요리는 오랜 세월 수도로서 궁중요리와 고급음식에 사치스러운 음식 문화를 발전시켰다. 대부분 육류가 주재료이며 강한 불에 짧게 조리하는 볶음과 튀김이 주를 이루며 추운 기후로 인해 칼로리 섭취가 많이 필요하여 요리에 기름이 많이 들어간다. 대표적인 요리는 베이징덕과 만한전석(연회양식) 등 고급스럽고 귀족이나 왕실을 대변하는 화려한 식단이 많다. 또한 은근한 짠맛이 난다고 하여 북함이라는 수식이 붙는다.

3) 사천요리

중국 서부지방에 위치하며 남부 문명의 합류점이 되었던 사천은 내륙지방으로 더위와 추위가 심해 강한 향신료를 사용하며 해산물이 아닌 동·식물이나 민물고기로 된 요리로 이루어져 있는 것이 특징이다. 사천요리의 강한 향신료 때문에 음식의 맛은 맵거나 단맛, 신맛 등의 매우 뚜렷한 맛이 나는 것이 특징이며 대표적인 요리로는 마파두부가 있다.

4) 상해(강소)요리

양쯔강 유역에서 나오는 풍부한 해산물과 많이 재배하는 쌀이 주를 이루며 기름을 많이 사용하고 달콤하게 먹는 것이 특징이다. 또한 간장이 유명하여 특산물인 장유(醬油)를 사용한다는 것이 특색이며 재료 본래의 맛을 살리며 연하게 만드는 것이 특징이다. 돼지고기를 진간장으로 양념하여 만드는 홍사오러우(紅燒肉)와 바닷게로 만드는 푸룽칭셰(芙蓉靑蟹), 꽃 모양의 빵인 화쥐안(花卷) 등이 유명하다.

중국요리의 기본조리법의 특징

중국요리는 재료를 뜨거운 탕에 데치거나 미리 익히고, 기름에 데치는 등 애벌조리를 한 다음 마무리 조리를 하는 것이 보편적으로 약 80%가 기름에 볶는 방법이 쓰이고 있고 쪄서 튀겨 내거나 다시 볶는 식의 복합적인 조리법이 발달하였다.

◈ 열 전도체에 따른 조리법 및 특징

열을 전달하는 매체에 따라 물을 사용하는 조리법, 기름을 사용하는 조리법, 증기를 사용하는 조리법으로 나눈다.

열전도체		조리법 및 특징	
물	① 배 (扒; ba, 바)	• 조림을 기본으로 하는 조리법으로 북경요리에서 가장 많이 쓰이며 완성된 요리는 부드럽고 녹말을 풀어 넣어 맛이 매끄러움 • 배의 기본은 소(shao, 샤오)와 같지만 조리 시간이 더 긺	
	② 소 (燒; shao, 샤오)	• 조림을 말하며 볶거나, 지지거나 튀기거나 쪄서 미리 가열 처리한 재료에 육수와 조미료를 넣고 끓이다가 약불로 조려 푹 삶아 익히는 조리법으로 불의 세기와 녹말 양에 따라 맛이 달라짐	
	③ 돈 (沌; dun, 뚠)	육수를 넉넉히 붓고 재료를 넣어 오래 가열하는 방법	
		과돈	재료에 녹말가루나 밀가루를 묻히고 다시 달걀을 입혀 지져서 모양을 만든 다음 물 또는 육수를 넣고 끓이는 방법
		청돈	끓는 물에 재료를 살짝 데친 뒤 물에 넣고 가열하는 방법
		격수돈	끓는 물에 데친 재료를 그릇에 담고 탕즙을 적당히 넣은 뒤 뚜껑을 꼭 닫고 직접 불 위에서 끓이거나, 큰 팬에 물을 넣고 끓여 증기로 익히는 방법
	④ 민 (燜; men, 먼)	• 약한 불에서 뚜껑을 덮고 오래 끓이는 조리법으로 딱딱한 재료를 큼직하게 썰어 뜨거운 물이나 기름에 데친 후 소량의 탕즙과 조미료를 넣어 센 불에서 끓이다가 약한 불로 낮춰 즙이 걸쭉해지고 재료가 푹 삶아지도록 오래 졸이는 조리법	
	⑤ 외 (煨; wei, 웨이)	• 조금 질긴 재료를 큼직하게 잘라 물에 데친 후 물을 넉넉히 붓고 강약 조절을 하면서 은근하게 익히는 방법	
	⑥ 쇄 (涮; shuan, 쑤안)	• 얇게 썬 양고기나 연한 야채를 뜨거운 육수에 살짝 익힌 후 소스에 찍어 먹는 방법으로 중국에서는 훠궈로, 일본에서는 샤브샤브라는 명칭의 음식과 비슷함	
	⑦ 자 (煮; zhu, 쮸)	• 동물성 재료를 작게 썰어서 육수를 붓고 센 불에서 끓이다가 약불로 줄여 익히는 조리방법	
	⑧ 회 (燴; hui, 후에이)	재료를 혼합하여 탕이나 물을 넣고 익히는 조리법	
		홍회	간장이나 황설탕을 넣고 전분을 사용하여 농도가 진한 요리
		청회	전분이 들어가지 않음
		백회	전분이 조금 들어가는 조리법
		소회	기름, 향신료, 동물성 재료와 양념을 넣고 걸쭉하게 졸이는 조리법
	⑨ 탄 (氽; tun, 툰)	연한 재료를 저미거나 완자를 만들어 물이나 육수에 빠르게 데치는 조리법	

열전도체	조리법 및 특징		
기름	① 초 (抄; chao, 챠오)	"볶는다"라는 뜻으로 중국요리에서 가장 많이 사용되는 조리법으로 센 불이나 중불에 짧은 시간 볶아서 영양 손실이 적음 예 부추볶음, 당면잡채 등	
	② 팽 (烹; peng, 펑)	주재료를 밑간하여 튀기거나 볶아낸 뒤 다시 부재료와 조미료 등을 넣고 센 불에서 볶고 육수를 조금 넣어 조려주는 조리법 예 깐풍기 등	
	③ 폭 (爆; bao, 빠오)	재료를 기름이나 뜨거운 물에 데친 후 센 불에서 빠르게 볶아내는 조리법으로 재료 자체의 맛이 살아있어 부드럽고 바삭한 느낌의 질감을 느낄 수 있음 예 궁보계정 등	
	④ 작 (炸; zha, 짜)	손질한 재료를 넉넉한 기름에 튀기는 조리 방법 예 탕수육 등	
	⑤ 류 (溜; liu, 리우)	재료에 간을 하고 전분이나 밀가루 튀김옷을 입혀 기름에 튀기거나 삶거나 찐 뒤, 다시 여러 가지 조미료로 걸쭉한 소스를 만들어 재료 위에 끼얹거나 또는 조리한 재료를 소스에 버무려 묻혀내는 조리방법 예 라조기, 류산슬 등	
	⑥ 첩 (貼; tie, 티에)	세가지의 재료를 쓰는 첩은 특수한 조리법으로 만들어 지는데 첫번째 재료를 곱게 다지고, 두번째 재료는 넓게 편을 내어 그 위에 재료를 얹고, 다시 세번째 재료로 덮는다. 만든 음식을 아래로 하여 바삭하게 기름에 지져낸 다음 그릇에 물을 적당량 부어 수증기로 익히는 조리방법	
	⑦ 전 (jian, 지엔)	뜨겁게 달군 팬에 기름을 두르고 밑 손질한 재료를 넣어 양면 또는 한면만 익히는 조리방법 예 난자완스 등	
증기	① 고 (烤; kao, 카오)	건조한 뜨거운 공기와 복사열로 재료를 직접 익히는 조리법으로 연료로는 장작, 석탄, 숯, 가스와 적외선 등이 사용되고 재료가 가열되면서 수분이 증발되어 튀김처럼 표면이 바삭거리고 향이 좋아지며 속은 육질이 부드러움 예 북경오리구이	
	② 증 (烝; zheng, 쩽)	재료를 증기로 쪄서 익히는 조리법으로 맛과 형태를 유지하며 영양손실을 줄일 수 있음	
		분증	오향초본 등의 조미료를 재료와 버무려 그릇에 담아 증기에 익히는 조리방법
		청증	재료를 밑간하여 그릇에 담아 수증기로 익히는 조리방법
		백회	전분을 소량으로 넣어 조리하는 방법
		포증	연잎이나 대나무 잎 등으로 재료를 싸서 그릇에 담아 증기에 익히는 방법

중국 요리 기초손질

순서

01. 중식의 각종 썰기

02. 앙금녹말 만들기(탕수육)

03. 겨자소스 만들기(오징어냉채, 양장피잡채)

04. 고추기름(라조기)

05. 갑오징어 칼집 넣기(오징어 냉채)

06. 닭 뼈 발라내기(깐풍기, 라조기)

01. 중식의 각종 썰기

1. **조** (條, tiáo, 티아오)
   조 : 채 썰기, 길이 5~7cm, 두께 0.7~1cm

2. **니** (泥, ní, 니)
   니 : 잘게 다지기

3. **정** (丁, dīng, 띵)
   정 : 깍둑 썰기

4. **사** (絲, sī, 쓰)
   사 : 가늘게 채 썰기, 길이 5~7cm, 두께 0.3cm

5. **편** (片, piàn, 피엔)
   편 : 편 썰기

6. **입** (粒, lì, 리) 또는 **미** (未, wèi, 웨이)
   입 또는 미 : 쌀알 크기 정도로 썰기

7. **곤도괴** (滾刀塊, dāo kuài, 다오 콰이)
   곤도괴 : 재료를 굴리면서 도톰하게 썰기

02. 앙금녹말 만들기 (종목 – 탕수육)

1. 녹말가루와 물을 동량으로 넣고 섞어 가라앉힌다.
2. 녹말이 가라앉고 위에 맑은 물이 뜬다.
3. 윗물을 가만히 따라 낸다.
4. 완성된 앙금녹말

03. 겨자소스 만들기 (종목 - 오징어냉채, 양장피잡채)

1. 겨자가루에 동량의 따뜻한 물(40℃ 전후)을 넣는다.

2. 수저로 부드럽게 겨자를 개어준다.

3. 냄비(끓는 물) 뚜껑을 엎어두고 그 위에 갠 겨자 그릇을 엎어 8~10분가량 발효시킨다.

4. 발효과정을 통해 매콤한 맛을 살린다.

5. 겨자소스 만들기

6. 겨자소스를 체에 내린다.

7. 완성된 겨자소스

> 오목한 그릇에 발효시킨 겨자와 식초, 설탕, 소금, 물, 참기름을 넣고 고루 섞어 소스를 만든다.

중국 요리 기초손질

04. 고추기름 (종목 – 라조기)

1. 팬에 식용유 3큰술을 두르고 따뜻해지면 고춧가루 1큰술을 넣는다.

2. 약한 불에서 천천히 저어가며 고춧가루의 매콤한 향이 우러나도록 한다.

3. 면보(키친타올)에 걸러 고추기름을 만든다.

4. 완성된 고추기름

05. 갑오징어 칼집 넣기 (종목 – 오징어 냉채)

1. 갑오징어의 양쪽 귀를 제거한다.

2. 갑오징어(오징어)의 안쪽에 얇은 막을 제거한다.

3. 갑오징어(오징어)의 내장이 붙어있던 안쪽에 다리 쪽에서 머리 쪽으로 0.2cm 간격으로 길게 칼집을 넣는다(칼을 살짝 뉘우 듯 넣기).

4. 길이로 2등분 한다(갑오징어가 크지 않으면 등분을 내지 않는다).
   갑오징어를 90도 돌려서 어슷하게 칼집만 두 번 넣고 세 번째 어슷하게 칼집을 넣어 3~4cm로 썬다.

5. 끓는 물에 소금을 넣고 갑오징어를 데쳐 찬물에 식힌 후 면보에 싸서 물기를 제거한다.

6. 완성된 갑오징어 모양내기

06. 닭 뼈 발라내기 (종목 – 깐풍기, 라조기)

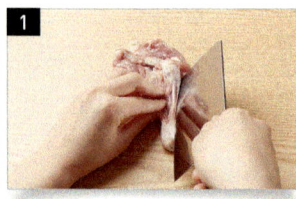

1. 닭다리 안쪽에 칼집을 전체 길게 내준 후 뼈를 중심으로 양옆으로 살을 발라 준다.

2. 뼈와 뼈 사이 물렁뼈에 칼집을 넣어 뼈가 끊어지도록 한다.

3. 첫 번째 위쪽 뼈 밑으로 칼을 넣어 살을 발라내고 뼈를 제거한다.

4. 두 번째 아래쪽 뼈 밑에 칼을 넣어 살을 발라낸다.

5. 발라낸 살의 힘줄을 제거하고 부드러워지도록 칼날로 콕콕 찍어 칼집을 넣어 준다.

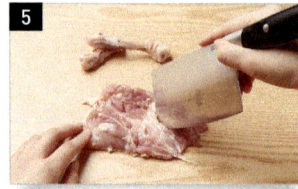

6. 용도에 맞게 닭살을 썰어 준비한다.

7. 라조기용(1×5cm)과 깐풍기(사방 3cm 사각형)용 닭고기 썰기 완성

라조기용

깐풍기용

MEMO

NCS능력단위 **냉채조리**

01 오징어 냉채

(凉 서늘할 량 拌 뒤섞을 반 魷 오징어유 魚 물고기어 : 리앙빤요우위)

 시험시간 **20분**

냉채류는 식욕을 돋우기 위해 연회요리에서 가장 먼저 나오는 요리로 오징어 냉채는 오징어 몸살의 부드러우면서도 담백한 맛과 오이의 향긋하고 신선한 맛이 겨자소스의 새콤, 달콤, 톡 쏘는 맛과 어우러져 식욕을 돋우기에 충분하다.

감독관의 중점 체크 포인트

- 겨자 발효시키기 체크
- 오징어 칼집 넣기 체크
- 오징어 데치기 체크

용어설명

- 리앙빤(凉拌) : 생채소와 삶은 고기, 해산물을 잘게 저며서 새콤, 달콤하게 무쳐 차게 해서 먹는 요리
- 요우위(魷魚) : 오징어
- 종횡 : 세로와 가로를 아울러 이르는 말

요구사항

※ 주어진 재료를 사용하여 오징어 냉채를 만드시오.

　가. 오징어 몸살은 종횡으로 칼집을 내어 3~4cm 정도로 썰어 데쳐서 사용하시오.
　나. 오이는 얇게 3cm 편으로 썰어 사용하시오.
　다. 겨잣가루를 숙성시킨 후 소스를 만드시오.

수험자 유의사항

1) 만드는 순서에 유의하며, 위생과 숙련된 기능평가를 위하여 조리작업 시 맛을 보지 않습니다.
2) 지정된 수험자 지참 준비물 이외의 조리기구나 재료를 시험장 내에 지참할 수 없습니다.
3) 지급재료는 시험 전 확인하여 이상이 있을 경우 시험위원으로부터 조치를 받고 시험 중에는 재료의 교환 및 추가지급은 하지 않습니다.
4) 요구사항 및 지급재료의 규격은 "정도"의 의미를 포함하며, 재료의 크기에 따라 가감하여 채점합니다.
5) 위생복, 위생모, 앞치마, 마스크를 착용하여야 하며, 시험장비·조리도구 취급 등 안전에 유의합니다.
6) 다음 사항은 실격에 해당하여 채점대상에서 제외됩니다.
　가) 수험자 본인이 시험 도중 시험에 대한 포기 의사를 표현하는 경우
　나) 위생복, 위생모, 앞치마, 마스크를 착용하지 않은 경우
　다) 시험시간 내에 과제 두 가지를 제출하지 못한 경우
　라) 문제의 요구사항대로 과제의 수량이 만들어지지 않은 경우
　마) 완성품을 요구사항의 과제(요리)가 아닌 다른 요리(예, 달걀말이 → 달걀찜)로 만든 경우
　바) 불을 사용하여 만든 조리작품이 작품 특성에 벗어나는 정도로 타거나 익지 않은 경우
　사) 해당과제의 지급재료 이외 재료를 사용하거나, 요구사항의 조리기구(석쇠 등)로 완성품을 조리하지 않은 경우
　아) 지정된 수험자지참물 이외의 조리기술에 영향을 줄 수 있는 기구를 사용한 경우
　자) 가스레인지 화구 2개 이상(2개 포함) 사용한 경우
　차) 시험 중 시설·장비(칼, 가스레인지 등) 사용 시 시험위원 및 타 수험자의 시험 진행에 위해를 일으킬 것으로 시험위원 전원이 합의하여 판단한 경우
　카) 요구사항에 표시된 실격 및 부정행위에 해당하는 경우
7) 항목별 배점은 위생상태 및 안전관리 5점, 조리기술 30점, 작품의 평가 15점입니다.
8) 시험시작 전 가벼운 몸 풀기(스트레칭) 동작으로 긴장을 풀고 시험을 시작합니다.

지급재료목록

갑오징어살(오징어 대체 가능) 100g, 오이(가늘고 곧은 것, 길이 20cm) 1/3개, 식초 30ml, 흰설탕 15g, 소금(정제염) 2g, 참기름 5ml, 겨잣가루 20g

겨자소스

겨자(발효시킨 것) 1/2큰술, 식초 2큰술, 물(육수) 1큰술, 흰설탕 1큰술, 소금 1/3작은술, 참기름 1/2작은술

> 짝을 지어 잘 나오는 문제 묶어서 공부해 보세요.
> 라조기 52p, 깐풍기 44p, 경장육사 76p, 양장피 잡채 36p, 새우볶음밥 88p, 유니짜장면 92p

조리과정

01 겨자 미지근한 물에 개어 중탕으로 발효시키기

- 냄비에 물을 올려서 40℃ 전후가 되면 겨자 1큰술에 미지근한 물 1큰술을 넣고 잘 갠다.
- 냄비(끓는 물) 뚜껑을 엎어두고 그 위에 갠 겨자 그릇을 엎어 8~10분가량 중탕으로 발효시켜 매콤한 맛을 살린다.

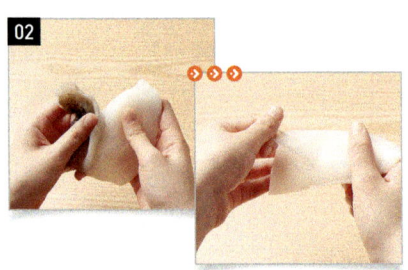

02 갑오징어(오징어) 손질하기

- 갑오징어의 양쪽 귀를 제거하고 안쪽의 얇은 막을 제거한다.

03 갑오징어(오징어) 칼집넣기

- 갑오징어(오징어)의 내장이 붙어있던 안쪽에 다리쪽에서 머리쪽으로 0.2cm 간격으로 길게 칼집을 넣고 (칼을 살짝 뉘우 듯 썬다) 갑오징어를 90도 돌려서 칼집을 세 번 넣고 네 번째 잘라 3~4cm로 썬다 (오징어 2단썰기).

04 갑오징어(오징어) 데치기

- 끓는 물에 소금을 넣고 갑오징어를 데쳐 찬물에 식힌 후 면보에 싸서 물기를 제거한다.

겨자 미지근한 물에 개기 ➡ 겨자 발효시키기 ➡ 갑오징어 손질 및 종횡으로 칼집 넣어 데쳐서 식히기 ➡ 오이 소금으로 비벼 씻기 ➡ 오이 편 썰기 ➡ 겨자 소스 만들기 ➡ 갑오징어와 오이 접시에 담기 ➡ 겨자 소스 끼얹기

05 오이 편 썰기

- 오이는 소금으로 문질러 흐르는 물에 씻어 반으로 자른 후 어슷하게 3cm 정도의 길이, 두께 0.2cm의 반달 모양으로 편 썬다.

06 겨자소스 만들기

- 오목한 그릇에 겨자(발효시킨 것) 1/2큰술, 식초 2큰술, 물(육수) 1큰술, 흰설탕 1큰술, 소금 1/3작은술, 참기름 1/2작은술을 넣고 고루 섞어 소스를 만든다.

07 오징어 냉채 담고, 소스 끼얹기

- 완성 접시에 갑오징어와 오이를 섞어 소복하게 담고 재료 위에 겨자소스를 골고루 끼얹어낸다.

08 완성품 담기

- 제출 직전에 소스를 끼얹어 물기가 생기지 않도록 한다.

참고 사항

1. 오징어 손질
- 시험장에서 갑오징어나 오징어가 지급되므로 손질 방법을 모두 숙지해야 한다.
- 오징어의 경우는 머리와 내장, 다리를 제거하고 겉껍질을 벗긴 후 내장이 붙어있던 안쪽에 칼집을 넣는다.
- 갑오징어의 경우는 가운데 붙어있는 흰 뼈를 빼내고 머리와 내장, 다리를 제거하고 안과 밖에 있는 얇은 막을 벗겨낸 후 내장이 붙어 있던 안쪽에 칼집을 넣는다.
- 길이 3~4cm로 썰 때는 결대로 썰어야 데쳤을 때 말리지 않는다.
- 칼집 낸 오징어는 오래 삶으면 질겨지므로 적당히 데쳐낸다.

2. 겨자 발효 및 소스 만들기
- 겨자는 미지근한 물로 갠 후 물이 끓일 때 뚜껑을 엎어서 갠 겨자 그릇을 엎어두고 8~10분 정도 발효시킨다. 발효시킨 겨자는 매콤한 맛이 살아난다.
- 겨자소스를 풀 때 물(육수), 식초를 한꺼번에 넣지 말고 조금씩 넣어가며 겨자를 풀어준다.

3. 완성하기
- 데친 오징어는 완전히 식혀서 오이와 섞고 겨자소스에 무쳐내지 말고 소스를 끼얹어낸다.

NCS능력단위 냉채조리

02 해파리 냉채

(凉 서늘할 량 拌 뒤섞을 반 海 바다해 蜇 해파리철 皮 껍질피 : 리앙빤하이쩌피)

 시험시간 **20분**

해파리 냉채는 해파리와, 오이채, 마늘소스를 차게 준비하여 새콤, 달콤하게 무친 상큼한 냉채 요리로 전채요리에 해당된다.

감독관의 중점 체크 포인트

- 해파리 데치기 처리 체크(70~80℃ 전후의 따뜻한 물에 2~3초간 살짝 데치기)
- 해파리 그릇에 담기 체크(산처럼 소복하게 쌓아서 담기)

용어설명

- 리앙빤(凉拌) : 생채소와 삶은 고기, 해산물을 잘게 저며서 새콤, 달콤하게 무쳐 차게 해서 먹는 요리
- 하이쩌피(海蜇皮) : 해파리의 갓

요구사항

※ 주어진 재료를 사용하여 다음과 같이 해파리 냉채를 만드시오.

가. 해파리는 염분을 제거하고 살짝 데쳐서 사용하시오.
나. 오이는 0.2cm × 6cm 크기로 어슷하게 채를 써시오.
다. 해파리와 오이를 섞어 마늘소스를 끼얹어 내시오.

수험자 유의사항

1. 만드는 순서에 유의하며, 위생과 숙련된 기능평가를 위하여 조리작업 시 맛을 보지 않습니다.
2. 지정된 수험자 지참 준비물 이외의 조리기구나 재료를 시험장 내에 지참할 수 없습니다.
3. 지급재료는 시험 전 확인하여 이상이 있을 경우 시험위원으로부터 조치를 받고 시험 중에는 재료의 교환 및 추가지급은 하지 않습니다.
4. 요구사항 및 지급재료의 규격은 "정도"의 의미를 포함하며, 재료의 크기에 따라 가감하여 채점합니다.
5. 위생복, 위생모, 앞치마, 마스크를 착용하여야 하며, 시험장비·조리도구 취급 등 안전에 유의합니다.
6. 다음 사항은 실격에 해당하여 채점대상에서 제외됩니다.
   가) 수험자 본인이 시험 도중 시험에 대한 포기 의사를 표현하는 경우
   나) 위생복, 위생모, 앞치마, 마스크를 착용하지 않은 경우
   다) 시험시간 내에 과제 두 가지를 제출하지 못한 경우
   라) 문제의 요구사항대로 과제의 수량이 만들어지지 않은 경우
   마) 완성품을 요구사항의 과제(요리)가 아닌 다른 요리(예, 달걀말이 → 달걀찜)로 만든 경우
   바) 불을 사용하여 만든 조리작품이 작품 특성에 벗어나는 정도로 타거나 익지 않은 경우
   사) 해당과제의 지급재료 이외 재료를 사용하거나, 요구사항의 조리기구(석쇠 등)로 완성품을 조리하지 않은 경우
   아) 지정된 수험자지참물 이외의 조리기술에 영향을 줄 수 있는 기구를 사용한 경우
   자) 가스레인지 화구 2개 이상(2개 포함) 사용한 경우
   차) 시험 중 시설·장비(칼, 가스레인지 등) 사용 시 시험위원 및 타 수험자의 시험 진행에 위해를 일으킬 것으로 시험위원 전원이 합의하여 판단한 경우
   카) 요구사항에 표시된 실격 및 부정행위에 해당하는 경우
7. 항목별 배점은 위생상태 및 안전관리 5점, 조리기술 30점, 작품의 평가 15점입니다.
8. 시험시작 전 가벼운 몸 풀기(스트레칭) 동작으로 긴장을 풀고 시험을 시작합니다.

지급재료목록

해파리 150g, 오이(가늘고 곧은 것, 20cm) 1/2개, 마늘(중, 깐 것) 3쪽, 식초 45ml, 흰설탕 15g, 소금(정제염) 7g, 참기름 5ml

마늘소스

마늘(다진 것) 1큰술, 식초 2큰술, 흰설탕 1큰술, 소금 1/2작은술, 참기름 1/2작은술

 짝을 지어 잘 나오는 문제 묶어서 공부해 보세요.

탕수육 40p, 홍쇼두부 84p, 깐풍기 44p, 양장피잡채 36p, 탕수생선살 48p, 경장육사 76p

조리과정

01 해파리 염분 빼기
- 냄비에 물을 올린다.
- 해파리는 손으로 여러 번 주물러 씻어 염분을 빼고 물에 담가 놓는다.

02 해파리 데치기(80℃ 전후의 따뜻한 물)
- 해파리는 70~80℃ 전후의 따뜻한 물에 2~3초간 살짝 데쳐서(젓가락으로 저어가며) 흐르는 냉수에 헹군다.
- 그릇에 물을 넉넉히 담고 식초를 넣어서(소스에 사용될 식초 2큰술은 빼놓는다) 식초물을 만들어 데친 해파리를 담가(부드럽게 하기 위해) 놓는다.

03 오이 채썰기
- 오이는 소금으로 비벼 씻어 0.2×6cm 길이로 어슷하게 채 썬다.

04 마늘소스 만들기
- 마늘은 칼로 다진다.
- 마늘소스 : 다진마늘 1큰술, 식초 2큰술, 흰설탕 1큰술, 소금 1/2작은술, 참기름 1/2작은술을 넣고 섞어 소스를 만든다.

시험장에서의 **조리작업 순서**

해파리 염분 빼기(물에 주물러 씻어서) ➡ 해파리 데치기(70~80℃ 전후의 따뜻한 물에 2~3초간 살짝) ➡ 데친 해파리 식초물에 담가두기 ➡ 오이 채썰기 ➡ 마늘소스 만들기(다진마늘 1큰술, 식초 1큰술, 설탕 1큰술, 소금 1/2작은술, 참기름 1/2작은술) ➡ 해파리 물기 제거하기 ➡ 해파리, 오이담기(산처럼 소복이) ➡ 마늘소스 끼얹어 내기

05 해파리 물기 제거하기

- 해파리는 체에 받쳐 물기를 빼고 면보로 옮겨 수분을 제거한다.(수분을 제거해야 해파리에 소스간이 배임)

06 해파리, 오이담기(산처럼 소복하게)

- 해파리와 오이채(해파리의 양과 동일하게)를 섞어 산처럼 소복하게 쌓아 두 손으로 받쳐서 완성 접시에 옮긴다.

07 마늘소스 끼얹기

- 해파리와 오이 섞은 것에 마늘 소스를 고루 끼얹어 낸다(무치지 말기).

08 완성품 담기

- 미리 소스를 끼얹으면 오이의 숨이 죽어 버리므로 제출 직전에 끼얹어 제출한다.

참고 사항

1. 해파리
- 해파리의 짠 기와 특유의 냄새 제거를 위해서 흐르는 물에 여러 차례 주물러 씻는다.
- 해파리를 끓는 물에 데치면 오그라들므로 반드시 70~80℃ 전후의 따뜻한 물을 부어 젓가락으로 저어가며 살짝 데친다.
- 데친 해파리는 식초를 탄 물에 담가두어야 부드러워진다.

2. 마늘은 칼날을 이용해서 다져야(칼 뒤끝이나 칼등으로 으깨지 않는다) 맛이 깔끔하다.

3. 담기
- 해파리와 오이를 평평하게 담지 말고 산처럼 두 손으로 모양을 잡는다.

4. 소스는 무치지 말고 끼얹어낸다.

NCS능력단위 냉채조리

03 양장피 잡채

(炒 볶을초 肉 고기육 倆 둘량 張 베풀장 皮 가죽피 : 차오로우리양장피)

 시험시간 **35분**

양장피 잡채는 해산물과 채소를 접시에 색 맞추어 돌려 담고 가운데 볶은 고기와 양장피를 어우러지게 담은 후 매콤하고 새콤, 달콤한 겨자소스를 곁들인 냉채로 전채요리에 해당되는 화려한 냉채이다.

감독관의 중점 체크 포인트

- 돌려 담을 재료와 양장피 잡채용 재료 구분 체크
- 전체적인 색의 조화 체크

용어설명

- 차오로우리양장피(炒肉雨张皮) : 양장피 요리

요구사항

※ 주어진 재료를 사용하여 양장피 잡채를 만드시오.

가. 양장피는 4cm로 하시오.
나. 고기와 채소는 5cm 길이의 채를 써시오.
다. 겨잣가루는 숙성시켜 사용하시오.
라. 볶은 재료와 볶지 않는 재료의 분별에 유의하여 담아내시오.

수험자 유의사항

1. 만드는 순서에 유의하며, 위생과 숙련된 기능평가를 위하여 조리작업 시 맛을 보지 않습니다.
2. 지정된 수험자 지참 준비물 이외의 조리기구나 재료를 시험장 내에 지참할 수 없습니다.
3. 지급재료는 시험 전 확인하여 이상이 있을 경우 시험위원으로부터 조치를 받고 시험 중에는 재료의 교환 및 추가지급은 하지 않습니다.
4. 요구사항 및 지급재료의 규격은 "정도"의 의미를 포함하며, 재료의 크기에 따라 가감하여 채점합니다.
5. 위생복, 위생모, 앞치마, 마스크를 착용하여야 하며, 시험장비·조리도구 취급 등 안전에 유의합니다.
6. 다음 사항은 실격에 해당하여 채점대상에서 제외됩니다.
   가) 수험자 본인이 시험 도중 시험에 대한 포기 의사를 표현하는 경우
   나) 위생복, 위생모, 앞치마, 마스크를 착용하지 않은 경우
   다) 시험시간 내에 과제 두 가지를 제출하지 못한 경우
   라) 문제의 요구사항대로 과제의 수량이 만들어지지 않은 경우
   마) 완성품을 요구사항의 과제(요리)가 아닌 다른 요리(예, 달걀말이 → 달걀찜)로 만든 경우
   바) 불을 사용하여 만든 조리작품이 작품 특성에 벗어나는 정도로 타거나 익지 않은 경우
   사) 해당과제의 지급재료 이외 재료를 사용하거나, 요구사항의 조리기구(석쇠 등)로 완성품을 조리하지 않은 경우
   아) 지정된 수험자지참물 이외의 조리기술에 영향을 줄 수 있는 기구를 사용한 경우
   자) 가스레인지 화구 2개 이상(2개 포함) 사용한 경우
   차) 시험 중 시설·장비(칼, 가스레인지 등) 사용 시 시험위원 및 타 수험자의 시험 진행에 방해를 일으킬 것으로 시험위원 전원이 합의하여 판단한 경우
   카) 요구사항에 표시된 실격 및 부정행위에 해당하는 경우
7. 항목별 배점은 위생상태 및 안전관리 5점, 조리기술 30점, 작품의 평가 15점입니다.
8. 시험시작 전 가벼운 몸 풀기(스트레칭) 동작으로 긴장을 풀고 시험을 시작합니다.

지급재료목록

양장피 1/2장, **돼지등심**(살코기) 50g, **양파**(중,150g) 1/2개, **조선부추** 30g, **건목이버섯** 1개, **당근**(길이로 썰어서) 50g, **오이**(가늘고 곧은 것, 길이 20cm) 1/3개, **달걀** 1개, **진간장** 5ml, **참기름** 5ml, **겨잣가루** 10g, **식초** 50ml, **흰설탕** 30g, **식용유** 20ml, **작은새우살** 50g, **갑오징어살**(오징어 대체 가능) 50g, **건해삼**(불린 것) 60g, **소금**(정제염) 3g

겨자소스

발효시킨 겨자 2작은술, **물**(육수) 2작은술, **식초** 2작은술, **흰설탕** 2작은술,
소금 2/3작은술, **참기름** 1/2작은술

 짝을 지어 잘 나오는 문제 묶어서 공부해 보세요.

빠스옥수수 100p, 빠스고구마 104p, 오징어 냉채 28p, 해파리 냉채 32p

조리과정

01 겨자 발효시키기
- 냄비에 물을 올려서 40℃ 전후가 되면 겨자 1큰술에 미지근한 물 1큰술을 넣고 잘 개어 냄비 뚜껑에 갠 겨자 그릇을 엎어 발효시킨다 (8~10분가량).

02 달걀지단 부치기, 오이·당근썰기
- 달걀은 황. 백으로 나누어 소금을 뿌려두었다가 체에 내려 지단을 부친 후 식혀서 두께 0.2cm에 길이 5cm로 채 썬다.

> 오징어의 흰색이 있으므로 달걀은 황, 백으로 나누어 부치지 않고 섞어서 노란색 지단을 부쳐도 무방합니다.

- 오이는 0.2cm 두께, 5cm 길이로 돌려깎기 하여 채 썰고 당근도 같은 크기로 채 썬다.

03 불린 해삼, 새우 살, 오징어 손질하여 데치기
- 불린 해삼은 5cm 길이로 채 썰고, 새우 살은 내장을 제거한 후 끓는 물에 소금을 넣고 데친다.
- 오징어 살은 껍질을 제거하고 안쪽에 칼집을 내어 썰고 끓는 물에 소금을 넣고 데친다.

04 양장피 위에 얹을 잡채 재료 볶기
- 돼지고기는 두께 0.3cm에 길이 5cm로 채 썰고, 부추와 양파도 5cm 길이로 채 썬다.
- 건목이버섯은 미지근한 물에 불려서 작은 크기로 찢는다.
- 팬에 기름을 두르고 돼지고기를 넣어 볶다가 진간장, 양파, 목이버섯, 부추 순으로 볶으면서 소금을 넣어 간을 맞추고 참기름을 둘러 마무리한다.

시험장에서의 조리작업 순서

겨자 발효시키기 ➡ 달걀지단 부치기, 오이·당근 썰기 ➡ 불린 해삼, 새우 살, 오징어 손질하여 데치기 ➡ 양장피 위에 얹을 잡채 재료 준비하여 볶기 ➡ 양장피 삶아서 버무리기 ➡ 겨자소스 만들기 ➡ 양장피 잡채 담아 겨자소스 끼얹기

05 양장피 삶아서 버무리기

- 양장피는 뜨거운 물에 삶아 냉수에 헹궈 물기를 제거하고 칼이나 손으로 사방 4cm 정도로 뜯어 참기름으로 버무려 놓는다.

06 겨자소스 만들기

- 발효겨자(2작은술)에 물(육수)(2작은술)을 넣어 곱게 풀고, 식초(2작은술), 흰설탕(2작은술), 소금(2/3작은술), 참기름(1/2작은술)으로 조미하여 겨자소스를 만든다.
- 곱게 풀리지 않았을 경우에는 체에 내려서 사용한다.

07 양장피 잡채 담아 겨자소스 끼얹기

- 준비한 오이, 당근, 지단, 오징어, 해삼, 새우를 색 맞추어 돌려 담고 가운데 참기름으로 무친 양장피를 담은 후 04 의 볶은 재료를 양장피가 가리지 않도록 소복이 담는다.
- 겨자소스를 돌려담은 재료와 볶음 재료 위에 끼얹어 낸다.

08 완성품 담기

- 소스는 미리 끼얹으면 재료들이 숨이 죽으므로 제출 직전에 끼얹어 낸다.

1. 양장피
- 따뜻한 물에 불린 후 끓는 물에 넣어서 투명해지면 건져서 바로 찬물에 담가 식힌다. 또는 끓는 물에 넣어 바로 데쳐도 좋다.
- 데친 후 쫄깃함을 유지하기 위해 찬물에 바로 헹궈낸다.

2. 오징어는 말리지 않도록 칼집을 넣고 결대로 썰어 질겨지지 않도록 살짝 데친다.

3. 양장피 잡채는 손이 많이 가는 작품으로 수검자들이 시간초과가 많이 나오는 작품이므로 시간 안배를 잘하여 시간 내에 작품을 만들도록 연습이 필요하다.

04 탕수육

(糖 엿당 醋 식초초 肉 고기육 : 탕추로우)

 시험시간 **30분**

탕수육의 탕(糖)은 달고, 수(醋)는 새콤한, 육(肉)은 고기를 뜻하는 말로 설탕과 식초, 고기가 어우러진 요리를 말한다. 중국요리에서 육이라 함은 돼지고기를 말하며 중국어로는 돼지고기를 저육이라 하는데 일반적으로 저 자를 생략하고 육만 사용하고 소고기는 따로 우육으로 구분한다. 탕수육은 새콤달콤한 맛과 고기의 바삭함이 어우러져 한국인들이 좋아하는 중식요리 중에 하나이다.

감독관의 중점 체크 포인트

- 튀김이 바삭하게 튀겨졌는지 체크
- 소스의 농도가 묽거나 되지 않은지 체크

용어설명

- 탕수(糖醋) : 향 채소를 기름에 볶고, 식초·설탕·녹말물을 넣어 걸쭉하고 새콤달콤한 소스를 만들어, 기름에 튀긴 생선 또는 고기에 덮어 먹는 요리 방법
- 탕추로우(糖醋肉) : 탕수육

요구사항

※ **주어진 재료를 사용하여 탕수육을 만드시오.**

가. 돼지고기는 길이를 4cm, 두께는 1cm의 긴 사각형 크기로 써시오.
나. 채소는 편으로 써시오.
다. 앙금녹말을 만들어 사용하시오.
라. 소스는 달콤하고 새콤한 맛이 나도록 만들어 돼지고기에 버무려 내시오.

수험자 유의사항

1. 만드는 순서에 유의하며, 위생과 숙련된 기능평가를 위하여 조리작업 시 맛을 보지 않습니다.
2. 지정된 수험자 지참 준비물 이외의 조리기구나 재료를 시험장 내에 지참할 수 없습니다.
3. 지급재료는 시험 전 확인하여 이상이 있을 경우 시험위원으로부터 조치를 받고 시험 중에는 재료의 교환 및 추가지급은 하지 않습니다.
4. 요구사항 및 지급재료의 규격은 "정도"의 의미를 포함하며, 재료의 크기에 따라 가감하여 채점합니다.
5. 위생복, 위생모, 앞치마, 마스크를 착용하여야 하며, 시험장비·조리도구 취급 등 안전에 유의합니다.
6. 다음 사항은 실격에 해당하여 **채점대상에서 제외**됩니다.
   가) 수험자 본인이 시험 도중 시험에 대한 포기 의사를 표현하는 경우
   나) 위생복, 위생모, 앞치마, 마스크를 착용하지 않은 경우
   다) 시험시간 내에 과제 두 가지를 제출하지 못한 경우
   라) 문제의 요구사항대로 과제의 수량이 만들어지지 않은 경우
   마) 완성품을 요구사항의 과제(요리)가 아닌 다른 요리(예, 달걀말이 → 달걀찜)로 만든 경우
   바) 불을 사용하여 만든 조리작품이 작품 특성에 벗어나는 정도로 타거나 익지 않은 경우
   사) 해당과제의 지급재료 이외 재료를 사용하거나, 요구사항의 조리기구(석쇠 등)로 완성품을 조리하지 않은 경우
   아) 지정된 수험자지참물 이외의 조리기술에 영향을 줄 수 있는 기구를 사용한 경우
   자) 가스레인지 화구 2개 이상(2개 포함) 사용한 경우
   차) 시험 중 시설·장비(칼, 가스레인지 등) 사용 시 시험위원 및 타 수험자의 시험 진행에 위해를 일으킬 것으로 시험위원 전원이 합의하여 판단한 경우
   카) 요구사항에 표시된 실격 및 부정행위에 해당하는 경우
7. 항목별 배점은 위생상태 및 안전관리 5점, 조리기술 30점, 작품의 평가 15점입니다.
8. 시험시작 전 가벼운 몸 풀기(스트레칭) 동작으로 긴장을 풀고 시험을 시작합니다.

지급재료목록

돼지등심(살코기) 200g, **진간장** 15ml, **달걀** 1개, **녹말가루**(감자전분) 100g, **식용유** 800ml, **식초** 50ml, **흰설탕** 100g, **대파**(흰부분, 6cm) 1토막, **당근**(길이로 썰어서) 30g, **완두**(통조림) 15g, **오이**(가늘고 곧은 것, 20cm, 원형으로 지급) 1/4개, **건목이버섯** 1개, **양파**(중, 150g) 1/4개, **청주** 15ml

 탕수육소스
물(육수) 1컵, **식초** 3큰술, **흰설탕** 3큰술, **진간장** 1작은술, **녹말물** 1~2큰술

 짝을 지어 잘 나오는 문제 묶어서 공부해 보세요.
부추잡채 56p, 해파리 냉채 32p, 빠스고구마 104p, 채소볶음 72p, 유니짜장면 92p

조리과정

01 앙금녹말 만들기, 건목이버섯 불리기

- 물과 녹말가루를 동량으로 섞어 녹말을 가라앉혀 튀김옷에 사용할 앙금녹말을 만든다.
- 건목이버섯은 미지근한 물에 불린다.

02 돼지고기 썰어 밑간하기

- 돼지고기는 길이 4cm, 두께 1cm 정도의 긴 사각형 크기로 썰어 청주와 진간장으로 밑간을 한다.

03 채소 썰어 준비하기

- 대파, 당근, 오이는 길이로 반 가른 후 4cm 길이로 어슷하게 편 썬다.
- 불린 목이버섯은 손으로 뜯고, 양파도 규격에 맞추어 썬다.
- 완두콩은 씻어 놓는다.

04 돼지고기 반죽하기

- 튀김기름은 중불로 서서히 올려 온도를 맞춘다.
- 밑간이 된 돼지고기에 달걀, 앙금녹말을 넣어 되직하고 쫀득하게 반죽한다.

시험장에서의 조리작업 순서

앙금녹말 만들기 ➡ 건목이버섯 불리기 ➡ 돼지고기 썰어 밑간하기 ➡ 채소 썰기 ➡ 밑간한 돼지고기에 달걀물, 앙금녹말을 넣어 버무리기 ➡ 돼지고기 2번 튀기기 ➡ 채소 볶기 ➡ 소스로 맛 내기 ➡ 튀긴 돼지고기 넣어 버무리기 ➡ 담아내기

05 돼지고기 튀기기

- 옷을 입힌 돼지고기는 튀김기름에 바삭하게 2번 튀겨낸다.

> 첫 번째는 130℃의 튀김 온도에 고기의 끝을 잡고 비스듬하게 넣어 속까지 익도록 튀겨 체로 건지고 다시 기름의 온도를 170℃로 올려 노릇하게 튀겨 건져서 기름을 뺀다.

06 탕수육 만들기(채소 볶기)

- 녹말물(녹말가루 1큰술, 물 2큰술)을 만든다.
- 팬을 가열한 후 기름을 두르고 대파를 살짝 볶다가 진간장, 청주를 넣고 향을 낸 후 양파, 당근, 목이버섯을 넣고 신속하게 볶는다.

07 탕수육 만들기(소스 만들어 완성하기)

- 06 에 물(육수) 1컵, 식초 3큰술, 흰설탕 3큰술, 진간장 1작은술을 넣고 간을 맞춘 후 녹말물을 조금씩 넣으면서 소스 농도를 조절한다.

08 완성품 담기

- 완성된 탕수육 소스에 튀긴 돼지고기를 넣고 버무려 담아낸다.

참고 사항

1. 목이버섯은 색상이 진하여 다른 재료들과 조화를 이루도록 적당량 사용한다.
2. 시험장 완두콩은 통조림 완두콩이 나오므로 따로 삶아서 익힐 필요는 없다.
3. **앙금녹말**
- 녹말가루와 물을 1:1로 섞어서 가만히 두면 밑에 녹말이 가라앉고 위에 물이 고이는데 물을 따라내서 버리고 가라앉은 녹말(앙금녹말)을 사용하여 돼지고기에 튀김옷을 입힌다. 만약 반죽이 질면 마른 녹말가루를 넣어 되직하게 만든다.
4. **돼지고기 튀기기** : 돼지고기가 속까지 익고 바삭할 수 있도록 1차 튀김에서는 돼지고기의 속까지 익도록 튀겨주고 2차 튀김에서는 온도를 더 올려 바삭하게 튀겨낸다.
5. **채소 볶기** : 대파에 진간장, 청주를 넣어 향을 충분히 내준 후 나머지 재료를 넣고 색이 누렇게 변하지 않도록 신경 쓴다.
6. **탕수육 소스 만들기와 마무리**
- 소스는 새콤, 달콤한 맛이 조화를 이루도록하고 제출 시간 보다 일찍 만들어 놓으면 오이의 색이 누렇게 변하므로 시간 안배를 잘하여 완성한다.

NCS능력단위 **튀김조리**

05 깐풍기

(乾 마를건 烹 삶을팽 鷄 닭계 : 깐펑지)

 시험시간 **30**분

깐풍기의 '깐펑(乾烹)'은 국물이 없이 마르게 볶는 음식이란 뜻이고 기(지,鷄)는 닭고기를 의미하는 말로 깐풍기는 매콤한 향신채를 볶다가 튀긴 닭고기를 넣어 물기가 없이 볶아낸 요리이다.

감독관의 중점 체크 포인트

- 채소들이 타지 않았는지 체크
- 튀긴 닭고기에 소스가 배일 정도로 버무렸는지(녹말물은 사용하지 않는다) 체크

용어설명

- 깐펑(乾烹) : 국물이 없이 마르게 볶는 요리
- 기(지,鷄) : 닭고기

요구사항

※ 주어진 재료를

　가. 닭은 뼈를 발라낸 후 사방 3cm 사각형으로 써시오.
　나. 닭을 튀기기 전에 튀김옷을 입히시오.
　다. 채소는 0.5cm x 0.5cm로 써시오.

수험자 유의사항

1. 만드는 순서에 유의하며, 위생과 숙련된 기능평가를 위하여 조리작업 시 맛을 보지 않습니다.
2. 지정된 수험자 지참 준비물 이외의 조리기구나 재료를 시험장 내에 지참할 수 없습니다.
3. 지급재료는 시험 전 확인하여 이상이 있을 경우 시험위원으로부터 조치를 받고 시험 중에는 재료의 교환 및 추가지급은 하지 않습니다.
4. 요구사항 및 지급재료의 규격은 "정도"의 의미를 포함하며, 재료의 크기에 따라 가감하여 채점합니다.
5. 위생복, 위생모, 앞치마, 마스크를 착용하여야 하며, 시험장비·조리도구 취급 등 안전에 유의합니다.
6. 다음 사항은 실격에 해당하여 채점대상에서 제외됩니다.
　　가) 수험자 본인이 시험 도중 시험에 대한 포기 의사를 표현하는 경우
　　나) 위생복, 위생모, 앞치마, 마스크를 착용하지 않은 경우
　　다) 시험시간 내에 과제 두 가지를 제출하지 못한 경우
　　라) 문제의 요구사항대로 과제의 수량이 만들어지지 않은 경우
　　마) 완성품을 요구사항의 과제(요리)가 아닌 다른 요리(예, 달걀말이 → 달걀찜)로 만든 경우
　　바) 불을 사용하여 만든 조리작품이 작품 특성에 벗어나는 정도로 타거나 익지 않은 경우
　　사) 해당과제의 지급재료 이외 재료를 사용하거나, 요구사항의 조리기구(석쇠 등)로 완성품을 조리하지 않은 경우
　　아) 지정된 수험자지참물 이외의 조리기술에 영향을 줄 수 있는 기구를 사용한 경우
　　자) 가스레인지 화구 2개 이상(2개 포함) 사용한 경우
　　차) 시험 중 시설·장비(칼, 가스레인지 등) 사용 시 시험위원 및 타 수험자의 시험 진행에 위해를 일으킬 것으로 시험위원 전원이 합의하여 판단한 경우
　　카) 요구사항에 표시된 실격 및 부정행위에 해당하는 경우
7. 항목별 배점은 위생상태 및 안전관리 5점, 조리기술 30점, 작품의 평가 15점입니다.
8. 시험시작 전 가벼운 몸 풀기(스트레칭) 동작으로 긴장을 풀고 시험을 시작합니다.

지급재료목록

닭다리(한마리 1.2kg, 허벅지살 포함 반마리 지급 가능) 1개, **진간장** 15ml, **검은후춧가루** 1g, **청주** 15ml, **달걀** 1개, **흰설탕** 15g, **녹말가루**(감자전분) 100g, **식초** 15ml, **마늘**(중, 깐 것) 3쪽, **대파**(흰부분, 6cm) 2토막, **청피망**(중, 75g) 1/4개, **홍고추**(생) 1/2개, **생강** 5g, **참기름** 5ml, **식용유** 800ml, **소금**(정제염) 10g

 깐풍기 소스

물(육수) 3큰술, **진간장** 1큰술, **흰설탕** 1큰술, **식초** 1큰술, **청주** 1작은술, **검은후춧가루** 약간, **참기름** 1작은술

 짝을 지어 잘 나오는 문제 묶어서 공부해 보세요.

　　새우케첩볶음 68p, 빠스옥수수 100p, 고추잡채 60p, 오징어 냉채 28p, 부추잡채 56p, 마파두부 64p

조리과정

01 앙금녹말 만들기

- 물과 녹말가루를 동량으로 섞어 녹말을 가라앉혀 튀김옷에 사용할 앙금녹말을 만든다.

02 닭고기 손질하여 튀김옷 입히기

- 닭은 물에 씻어 면보에 수분을 제거하고 뼈를 발라 살은(껍질 포함) 사방 3cm 사각형으로 썰어 소금, 후춧가루, 청주로 버무려 밑간을 한다.
- 간이 들면 달걀물과 앙금녹말을 넣어 튀김옷을 입힌다.

03 부재료 썰기

- 청피망, 홍고추(반으로 갈라 속껍질 제거), 대파는 크기가 일정하도록 잘게 썰고(가로, 세로 0.5cm가량), 마늘, 생강은 다진다.

04 깐풍기 소스 만들기

- 그릇에 물(육수) 3큰술, 진간장 1큰술, 흰설탕 1큰술, 식초 1큰술, 청주 1작은술, 후춧가루 약간을 섞어 소스를 만든다

> 참기름은 볶음 시 마지막에 넣는다.

시험장에서의 **조리작업 순서**

앙금녹말 만들기 ➡ 닭 뼈 바르기 ➡ 닭살 사방 3cm로 썰기 ➡ 닭고기 밑간하고 튀김옷 입히기 ➡ 부재료 썰기(청피망, 홍고추, 대파, 마늘, 생강) ➡ 깐풍기 소스 만들기 ➡ 닭고기 튀기기 ➡ 완성하기(팬에 채소 볶기 ➡ 소스 넣기 ➡ 튀긴 닭 넣기 ➡ 참기름 두르기)

05 닭고기 2번 튀기기

- 튀김기름은 중불로 서서히 올려 온도를 맞춘다.
- 옷을 입힌 닭고기는 튀김기름에 바삭하게 2번 튀겨낸다.

> 튀김 요령 : 첫 번째는 130℃의 튀김 온도에 닭고기의 끝을 잡고 비스듬하게 넣어 닭의 속까지 익도록 튀겨 체로 건지고 다시 기름의 온도를 170℃로 올려 노릇하게 튀겨 건져서 기름을 뺀다.

06 깐풍기 만들기(채소 볶기)

- 팬에 기름을 두르고 대파, 마늘, 생강을 넣어 살짝 볶고 홍고추를 넣어 빠르게 볶는다.

07 깐풍기 만들기(소스와 튀긴 닭 넣기)

- 06 에 소스를 넣고 살짝 볶으면서 튀긴 닭과 피망을 넣고 다시 한번 소스와 어우러지게 볶고 참기름을 넣어 완성한다.

08 완성품 담기

- 완성 접시에 소복하게 담아낸다.

참고 사항

1. 닭은 뼈를 잘 발라내고 껍질째 사방 3cm 사각형으로 준비한다.
2. 녹말은 동량의 물을 넣고 섞어 녹말을 가라앉혀 튀김옷에 사용할 앙금녹말을 만든다.
3. 닭 튀김 시 2번 튀겨서 바삭하게 만드는데 1차 튀김(130℃)에서 닭고기의 속까지 익도록 하고 2차 튀김(170℃)에서는 겉이 바삭하고 노릇하게 튀겨낸다.
4. 채소볶음 시 입자가 작으므로 타지 않도록 주의하며 완성 시 국물이 없도록 재료와 소스가 잘 어우러지게 재빨리 버무린다.

NCS능력단위 **튀김조리**

06 탕수생선살

(糖 엿당 醋 식초초 魚 물고기어 塊 덩어리괴 : 탕추위콰이)

 시험시간 **30**분

탕수의 탕(糖)은 달고, 수(醋)는 새콤함을 뜻하는 말로 탕수생선살은 생선살에 옷을 입혀 바삭하게 튀긴 후 달고, 신맛이 나는 소스를 곁들인 음식이다.

감독관의 중점 체크 포인트

- 흰살생선의 형태 유지 체크(생선살이 부서지지 않도록 하기)
- 소스의 농도가 묽거나 되지 않은지 체크

용어설명

- 탕수(糖醋) : 향 채소를 기름에 볶고, 식초·설탕·녹말물을 넣어 걸쭉하고 새콤달콤한 소스를 만들어, 기름에 튀긴 생선 또는 고기에 덮어 먹는 요리 방법

요구사항

※ 주어진 재료를 사용하여 다음과 같이 탕수생선살을 만드시오.

가. 생선살은 1cm x 4cm 크기로 썰어 사용하시오.
나. 채소는 편으로 썰어 사용하시오.
다. 소스는 달콤하고 새콤한 맛이 나도록 만들어 튀긴 생선에 버무려 내시오.

수험자 유의사항

1 만드는 순서에 유의하며, 위생과 숙련된 기능평가를 위하여 조리작업 시 맛을 보지 않습니다.
2 지정된 수험자 지참 준비물 이외의 조리기구나 재료를 시험장 내에 지참할 수 없습니다.
3 지급재료는 시험 전 확인하여 이상이 있을 경우 시험위원으로부터 조치를 받고 시험 중에는 재료의 교환 및 추가지급은 하지 않습니다.
4 요구사항 및 지급재료의 규격은 "정도"의 의미를 포함하며, 재료의 크기에 따라 가감하여 채점합니다.
5 위생복, 위생모, 앞치마, 마스크를 착용하여야 하며, 시험장비·조리도구 취급 등 안전에 유의합니다.
6 다음 사항은 실격에 해당하여 채점대상에서 제외됩니다.
  가) 수험자 본인이 시험 도중 시험에 대한 포기 의사를 표현하는 경우
  나) 위생복, 위생모, 앞치마, 마스크를 착용하지 않은 경우
  다) 시험시간 내에 과제 두 가지를 제출하지 못한 경우
  라) 문제의 요구사항대로 과제의 수량이 만들어지지 않은 경우
  마) 완성품을 요구사항의 과제(요리)가 아닌 다른 요리(예, 달걀말이 → 달걀찜)로 만든 경우
  바) 불을 사용하여 만든 조리작품이 작품 특성에 벗어나는 정도로 타거나 익지 않은 경우
  사) 해당과제의 지급재료 이외 재료를 사용하거나, 요구사항의 조리기구(석쇠 등)로 완성품을 조리하지 않은 경우
  아) 지정된 수험자지참물 이외의 조리기술에 영향을 줄 수 있는 기구를 사용한 경우
  자) 가스레인지 화구 2개 이상(2개 포함) 사용한 경우
  차) 시험 중 시설·장비(칼, 가스레인지 등) 사용 시 시험위원 및 타 수험자의 시험 진행에 위해를 일으킬 것으로 시험위원 전원이 합의하여 판단한 경우
  카) 요구사항에 표시된 실격 및 부정행위에 해당하는 경우
7 항목별 배점은 위생상태 및 안전관리 5점, 조리기술 30점, 작품의 평가 15점입니다.
8 시험시작 전 가벼운 몸 풀기(스트레칭) 동작으로 긴장을 풀고 시험을 시작합니다.

지급재료목록

흰살생선살(껍질 벗긴 것, 동태 또는 대구) 150g, **당근** 30g, **오이**(가늘고 곧은 것, 20cm) 1/6개, **완두콩** 20g, **파인애플**(통조림) 1쪽, **건목이버섯** 1개, **녹말가루**(감자전분) 100g, **식용유** 600ml, **식초** 60ml, **흰설탕** 100g, **진간장** 30ml, **달걀** 1개

 탕수생선살 소스
물(육수) 1컵, 식초 2큰술, 흰설탕 3큰술, 진간장 1/2큰술, 녹말물 1~2큰술

 짝을 지어 잘 나오는 문제 묶어서 공부해 보세요.
부추잡채 56p, 해파리 냉채 32p, 빠스고구마 104p, 마파두부 64p, 채소볶음 72p

조리과정

01 앙금녹말 만들기, 건목이버섯 불리기
- 물과 녹말가루를 동량으로 섞어 녹말을 가라앉혀 튀김옷에 사용할 앙금녹말을 만든다.
- 건목이버섯은 미지근한 물에 불린다.

02 흰살생선 썰어 밑간하기
- 흰살생선은 두께 1cm, 길이 4cm로 썰어 간장으로 밑간을 해놓는다.

03 채소 썰어 준비하기, 녹말물 준비하기
- 오이와 당근은 편으로 썰고 파인애플은 비슷한 크기로 썬다.
- 불린 목이버섯은 손으로 뜯고 완두콩은 씻어 놓는다.
- 녹말물(녹말가루 1큰술, 물 2큰술)을 만든다.

04 흰살생선 반죽하기
- 튀김기름은 중불로 서서히 올려 온도를 맞춘다.
- 밑간이 된 흰살생선에 달걀흰자, 앙금녹말을 넣어 되직하고 쫀득하게 반죽한다.
- 생선살이 부서지지 않도록 조심해서 버무린다.

시험장에서의 **조리작업 순서**

앙금녹말 만들기 ➡ 건목이버섯 불리기 ➡ 생선살 썰어 밑간하기 ➡ 채소 썰기 ➡ 녹말물 만들기 ➡ 생선살 반죽하기(달걀흰자, 앙금녹말) ➡ 생선살 튀기기 ➡ 탕수생선살 만들기 ➡ 완성하기

05 흰살생선 튀기기

- 옷을 입힌 흰살생선은 튀김기름에 바삭하게 2번 튀겨낸다.

> 튀김 요령 : 첫 번째는 150℃의 튀김 온도에 생선의 끝을 잡고 비스듬하게 넣어 속까지 익도록 튀겨 체로 건지고 다시 기름의 온도를 170℃로 올려 바삭하게 튀겨 건져서 기름을 뺀다.

06 탕수생선살 만들기(채소 볶기)

- 팬을 가열한 후 기름을 두르고 당근과 목이버섯을 넣어 신속하게 볶는다. 이어서 물(육수) 1컵, 식초 2큰술, 흰설탕 3큰술, 진간장 1/2큰술을 넣고 오이, 완두콩, 파인애플을 넣는다.

07 탕수생선살 만들기(녹말물 넣어 농도 맞추기)

- 06 에 녹말물을 조금씩 넣으면서 소스 농도를 조절한다.

08 완성품 담기

- 흰살생선 튀긴 것에 07 의 소스를 끼얹거나 버무려 담아낸다.

1. 튀기기
- 1차 튀김온도가 탕수육보다 조금 높아도 되는데 이는 돼지고기보다 흰살생선이 익는 속도가 더 빠르기 때문이다.

2. 소스 만들기 및 완성하기
- 물(1컵~1.5컵)의 양은 튀겨낸 생선살과 채소의 양에 따라 가감이 필요하다.
- 간장의 양이 많이 들어가면 소스의 빛깔이 진해지고, 맛이 떨어지므로 소량만 사용한다.
- 녹말물은 한 번에 다 넣지 말고 조금씩 넣어가며 잘 저어 걸쭉해지도록 한다.
- 오이와 완두콩은 식초 때문에 색상이 누렇게 변하므로 마지막에 넣어주도록 한다.

NCS능력단위 **튀김조리**

07 라조기

(辣 매울랄 椒 산초나무초, 후추초 鷄 닭계 : 라조오지)

 시험시간 **30**분

라조기의 '라'는 고추를 '기'는 닭을 뜻하는데 튀긴 닭에 여러 가지 채소를 넣고 매콤하게 볶은 소스에 버무린 사천 요리 중 하나이다.

감독관의 중점 체크 포인트

- 닭고기 손질 체크
- 닭고기 튀긴 상태 체크
- 소스의 농도 체크(너무 묽지 않게 한다)
- 고추기름의 사용 여부 체크(녹말물로 소스의 농도를 맞춘 후에 고추기름을 넣는다)

용어설명

- 라지오(辣椒) : 고추
- 지(鷄) : 닭

요구사항

※ **주어진 재료를 사용하여 다음과 같이 라조기를 만드시오.**

가. 닭은 뼈를 발라낸 후 5cm × 1cm의 길이로 써시오.
나. 채소는 5cm × 2cm의 길이로 써시오.

수험자 유의사항

1. 만드는 순서에 유의하며, 위생과 숙련된 기능평가를 위하여 조리작업 시 맛을 보지 않습니다.
2. 지정된 수험자 지참 준비물 이외의 조리기구나 재료를 시험장 내에 지참할 수 없습니다.
3. 지급재료는 시험 전 확인하여 이상이 있을 경우 시험위원으로부터 조치를 받고 시험 중에는 재료의 교환 및 추가지급은 하지 않습니다.
4. 요구사항 및 지급재료의 규격은 "정도"의 의미를 포함하며, 재료의 크기에 따라 가감하여 채점합니다.
5. 위생복, 위생모, 앞치마, 마스크를 착용하여야 하며, 시험장비·조리도구 취급 등 안전에 유의합니다.
6. 다음 사항은 실격에 해당하여 채점대상에서 제외됩니다.
    가) 수험자 본인이 시험 도중 시험에 대한 포기 의사를 표현하는 경우
    나) 위생복, 위생모, 앞치마, 마스크를 착용하지 않은 경우
    다) 시험시간 내에 과제 두 가지를 제출하지 못한 경우
    라) 문제의 요구사항대로 과제의 수량이 만들어지지 않은 경우
    마) 완성품을 요구사항의 과제(요리)가 아닌 다른 요리(예, 달걀말이 → 달걀찜)로 만든 경우
    바) 불을 사용하여 만든 조리작품이 작품 특성에 벗어나는 정도로 타거나 익지 않은 경우
    사) 해당과제의 지급재료 이외 재료를 사용하거나, 요구사항의 조리기구(석쇠 등)로 완성품을 조리하지 않은 경우
    아) 지정된 수험자지참물 이외의 조리기술에 영향을 줄 수 있는 기구를 사용한 경우
    자) 가스레인지 화구 2개 이상(2개 포함) 사용한 경우
    차) 시험 중 시설·장비(칼, 가스레인지 등) 사용 시 시험위원 및 타 수험자의 시험 진행에 위해를 일으킬 것으로 시험위원 전원이 합의하여 판단한 경우
    카) 요구사항에 표시된 실격 및 부정행위에 해당하는 경우
7. 항목별 배점은 위생상태 및 안전관리 5점, 조리기술 30점, 작품의 평가 15점입니다.
8. 시험시작 전 가벼운 몸 풀기(스트레칭) 동작으로 긴장을 풀고 시험을 시작합니다.

지급재료목록

닭다리(한마리 1.2kg, 허벅지살 포함 반마리 지급가능) 1개, **죽순**(통조림(whole), 고형분) 50g,
건표고버섯(지름5cm정도, 물에 불린 것) 1개, **홍고추**(건) 1개, **양송이**(통조림(whole), 양송이 큰 것) 1개,
청피망(중, 75g정도) 1/3개, **청경채** 1포기, **생강** 5g, **대파**(흰부분, 6cm) 2토막, **마늘**(중, 깐 것) 1쪽, **달걀** 1개, **진간장** 30ml,
소금(정제염) 5g, **청주** 15ml, **녹말가루**(감자전분) 100g, **고추기름** 10ml, **식용유** 900ml, **검은 후춧가루** 1g

 라조기 소스
물(육수) 1컵, **진간장** 1작은술, **청주** 1작은술, **소금** 약간, **녹말물** 1~2큰술

 짝을 지어 잘 나오는 문제 묶어서 공부해 보세요.

경장육사 76p, 오징어 냉채 28p, 부추잡채 56p, 새우케첩볶음 68p

조리과정

01 닭고기 손질 및 밑간하기
- 앙금녹말: 물과 녹말가루를 동량으로 섞어 녹말을 가라앉혀 튀김옷에 사용할 앙금녹말을 만든다.
- 닭다리는 포를 떠서 뼈를 발라내고 5cm×1cm 정도의 길이로 썬 후 소금, 간장, 청주, 후춧가루로 밑간을 해둔다.

02 녹말물 만들기, 부재료 준비하기(썰기)
- 녹말물(녹말가루 1큰술, 물 2큰술)을 만든다.
- 대파, 마늘, 생강은 편 썬다.
- 건고추는 가위로 어슷 썰어 씨를 털어놓고, 청피망은 길이 5cm, 폭 2cm로 썬다.

03 부재료 준비하기(데치기)
- 죽순은 석회질을 제거하고 빗살을 살려 저며서 편 썰고 양송이는 모양을 살려 편썬다.
- 표고버섯은 밑동을 제거한 후 편 썰고, 청경채는 밑 부분을 잘라내고 5cm 길이로 자른다.
- 죽순과 양송이, 표고버섯, 청경채는 끓는 물에 데쳐 놓는다.

04 닭고기 반죽하기
- 튀김기름은 중불로 서서히 올려 온도를 맞춘다.
- 밑간이 된 닭고기에 달걀물, 앙금녹말을 넣어 되직하고 쫀득하게 반죽한다.

앙금녹말 만들기 ➡ 닭다리 포 떠서 썰기 ➡ 닭고기 밑간하기 ➡ 녹말물 만들기, 채소 썰기 ➡ 닭고기에 달걀물과 앙금녹말 넣어 반죽하기 ➡ 바삭하게 튀기기 ➡ 라조기 완성하기(채소 볶기 ➡ 소스 넣기 ➡ 튀긴 닭 넣기 ➡ 녹말물 넣기 ➡ 고추기름 넣기)

05 닭고기 튀기기

- 옷을 입힌 닭고기는 튀김기름에 바삭하게 2번 튀겨낸다.
  (튀김요령)
- 1차 튀김은 130℃의 튀김 온도에 닭고기의 끝을 잡고 비스듬하게 넣어 속까지 익도록 튀겨 체로 건지고 2차 튀김은 다시 기름의 온도를 170℃로 올려 노릇하게 튀겨서 건져 기름을 뺀다.

06 라조기 만들기(채소 볶기)

- 팬을 가열한 후 기름을 두르고 향재료인 건고추, 대파, 마늘, 생강을 먼저 넣어 볶으면서 향을 내고 진간장과 청주를 넣고 표고버섯, 양송이, 죽순, 피망, 청경채 순으로 넣으며 볶는다.

07 라조기 만들기(소스에 튀긴 닭 넣기)

- 06 에 물(육수) 1컵, 진간장 1작은술, 청주 1작은술, 소금 약간으로 맛을 내고 튀긴 닭을 넣어 가볍게 섞고 녹말물로 농도를 맞춘 뒤 고추기름을 넣고 버무린다.

08 완성품 담기

- 완성 접시에 라조기를 소복이 담아낸다.

1. 닭다리는 안쪽으로 칼집을 넣어 뼈를 발라내고 필요 없는 기름기를 제거한다.
2. 죽순은 빗살 사이사이에 하얗게 낀 석회질을 제거하고 빗살을 살려 편 썰어 데친다.
3. 닭고기가 속까지 익고 바삭할 수 있도록 1차 튀김에서는 온도를 낮춰 닭고기의 속까지 익도록 튀겨주고 2차 튀김에서는 온도를 더 올려 바삭하게 튀겨낸다.
4. 볶기
- 팬에 식용유를 넉넉히 두르고 향 채소(건고추, 대파, 마늘, 생강)부터 향이 우러나도록 볶는데 태우지 않도록 유의한다.
5. 완성하기
- 물(육수)이 너무 많거나 적지 않도록 조절하며, 녹말물의 농도에도 신경을 쓴다. 고추기름을 마지막에 넣고 윤기나게 살짝 볶아 완성한다.

NCS능력단위 **볶음조리**

08 부추잡채

(炒 볶을초 韭 부추구 菜 나물채 : 차오지오차이)

 시험시간 **20분**

부추잡채는 중국부추(호부추)와 돼지고기를 채 썰어 양념하여 볶아낸 산둥 요리의 하나로 꽃빵(화권)과 함께 곁들여 먹으면 어울린다.

감독관의 중점 체크 포인트

- 돼지고기 초벌처리 체크(기름에 데쳐(중식 조리용어 '화(化)') 부드럽게 준비)
- 부추의 색상은 살리면서 익혔는지 체크(흰부분 먼저 볶고 푸른부분 넣어 볶기)

용어설명

- 차오(炒) : 기름 등으로 볶음
- 지오차이(韭菜) : 부추

요구사항

※ 주어진 재료를 사용하여 다음과 같이 부추잡채를 만드시오.

가. 부추는 6cm 길이로 써시오.
나. 고기는 0.3 × 6cm 길이로 써시오.
다. 고기는 간을 하여 기름에 익혀 사용하시오.

수험자 유의사항

1. 만드는 순서에 유의하며, 위생과 숙련된 기능평가를 위하여 조리작업 시 맛을 보지 않습니다.
2. 지정된 수험자 지참 준비물 이외의 조리기구나 재료를 시험장 내에 지참할 수 없습니다.
3. 지급재료는 시험 전 확인하여 이상이 있을 경우 시험위원으로부터 조치를 받고 시험 중에는 재료의 교환 및 추가지급은 하지 않습니다.
4. 요구사항 및 지급재료의 규격은 "정도"의 의미를 포함하며, 재료의 크기에 따라 가감하여 채점합니다.
5. 위생복, 위생모, 앞치마, 마스크를 착용하여야 하며, 시험장비·조리도구 취급 등 안전에 유의합니다.
6. 다음 사항은 실격에 해당하여 채점대상에서 제외됩니다.
    가) 수험자 본인이 시험 도중 시험에 대한 포기 의사를 표현하는 경우
    나) 위생복, 위생모, 앞치마, 마스크를 착용하지 않은 경우
    다) 시험시간 내에 과제 두 가지를 제출하지 못한 경우
    라) 문제의 요구사항대로 과제의 수량이 만들어지지 않은 경우
    마) 완성품을 요구사항의 과제(요리)가 아닌 다른 요리(예, 달걀말이 → 달걀찜)로 만든 경우
    바) 불을 사용하여 만든 조리작품이 작품 특성에 벗어나는 정도로 타거나 익지 않은 경우
    사) 해당과제의 지급재료 이외 재료를 사용하거나, 요구사항의 조리기구(석쇠 등)로 완성품을 조리하지 않은 경우
    아) 지정된 수험자지참물 이외의 조리기술에 영향을 줄 수 있는 기구를 사용한 경우
    자) 가스레인지 화구 2개 이상(2개 포함) 사용한 경우
    차) 시험 중 시설·장비(칼, 가스레인지 등) 사용 시 시험위원 및 타 수험자의 시험 진행에 위해를 일으킬 것으로 시험위원 전원이 합의하여 판단한 경우
    카) 요구사항에 표시된 실격 및 부정행위에 해당하는 경우
7. 항목별 배점은 위생상태 및 안전관리 5점, 조리기술 30점, 작품의 평가 15점입니다.
8. 시험시작 전 가벼운 몸 풀기(스트레칭) 동작으로 긴장을 풀고 시험을 시작합니다.

지급재료목록

부추(중국부추, 호부추) 120g, **돼지등심**(살코기) 50g, **달걀** 1개, **청주** 15ml, **소금**(정제염) 5g, **참기름** 5ml, **식용유** 100ml, **녹말가루**(감자전분) 30g

짝을 지어 잘 나오는 문제 묶어서 공부해 보세요.

탕수육 40p, 울면 96p, 난자완스 80p, 홍쇼두부 84p, 깐풍기 44p,
탕수생선살 48p, 라조기 52p, 채소볶음 72p

조리과정

01 부추(중국부추=호부추) 썰기

- 부추는 다듬어 씻어 물기를 제거하고 뿌리 쪽 흰 부분을 0.5cm가량 잘라 버리고 흰 부분부터 6cm 길이로 자른다.
- 썬 부추는 전체가 5등분으로 나뉘는데 접시에 흰 부분 3등분과 푸른 부분 2등분을 따로 분리하여 담아 놓는다.

02 돼지고기 채 썰기

- 돼지고기는 기름과 핏물을 제거하고 결대로 길이 6cm, 가로, 세로 0.3cm로 채 썬다.

03 돼지고기 밑간하기

- 채 썬 돼지고기에 소금, 청주로 밑간을 한다.

04 돼지고기 반죽하기

- 밑간이 된 돼지고기에 달걀흰자와 녹말을 넣고 주물러 걸쭉하게 버무린다.

부추 썰기(흰 부분, 푸른 부분 분리) ➡ 돼지고기 채 썰어 양념 및 옷 입히기(소금, 청주, 달걀흰자, 녹말가루) ➡ 돼지고기 기름에 초벌하기 ➡ 부추잡채 만들기(팬 달구기 ➡ 부추 흰 부분 ➡ 청주, 소금 ➡ 데친 돼지고기와 부추 푸른 부분 ➡ 참기름) ➡ 그릇에 담기

05 돼지고기 초벌하기 ▶ 돼지고기 기름에 데치기('화(化)'하기)

- 팬에 버무린 고기가 잠길 만큼의 식용유를 넣고 기름이 30℃ 정도가 되면 옷 입힌 돼지고기를 넣고 고기가 붙지 않도록 젓가락으로 계속 저어준다. 불의 세기가 60~70℃를 넘지 않도록 하며 고기 채가 떨어지면서 하얗게 떠오르면 체로 건져 기름을 뺀다.

> 화를 하는 이유는 고기를 부드럽게 먹기 위함으로 90% 정도 완숙으로 익힌다.

06 부추 볶기(흰 부분 볶기)

- 팬을 달구어 기름을 두르고 부추 흰 부분을 넣어 살짝 볶으면서 소금, 청주를 넣고 다시 한번 볶는다.

07 부추잡채 볶기(돼지고기와 부추 푸른 부분 넣기)

- 06 에 초벌한 05 의 돼지고기와 부추 푸른 부분을 넣고 살짝 볶으면서 참기름을 넣어 마무리한다.

08 완성품 담기

- 접시에 완성된 부추잡채를 소복이 모아 담아낸다.

참고 사항

1. 부추
- 중국부추(호부추)의 경우 6cm로 썰면 흰 부분, 노르스름한 부분, 푸른 부분으로 나뉘는데 팬에 볶을 때 흰 부분 ➡ 노르스름한 부분 ➡ 푸른 부분 순으로 넣고 볶아 색감을 살린다.

2. 돼지고기
- 돼지고기는 기름을 제거하고 결대로 썰어야 부서지지 않으며 소금과 청주로 밑간을 하였다가 달걀흰자와 녹말가루로 옷을 입히는데 옷이 두껍지 않도록 주의한다.
- 초벌 : 기름에 데치기(중식조리 용어 "화(化)") ➡ 화를 하는 이유는 고기를 부드럽게 먹기 위함으로 팬에 버무린 고기가 잠길 만큼의 식용유를 넣고 기름이 30℃ 정도가 되면 옷 입힌 돼지고기를 넣고 고기가 붙지 않도록 젓가락으로 계속 저어준다. 불의 세기가 60~70℃를 넘지 않도록 하며 고기 채가 떨어지면서 하얗게 떠오르면 체로 건져 기름을 뺀다.

09 고추잡채

(靑 푸를청 椒 산초나무초, 후추초 肉 고기육 絲 실사 : 칭지아오로우쓰)

 시험시간 **25분**

고추잡채는 피망의 살짝 매콤하면서 달콤한 맛과 채소의 아삭함과 고기의 쫄깃한 맛이 어우러진 음식으로 주로 꽃빵(화권)과 같이 먹는 북경요리의 하나이다.

감독관의 중점 체크 포인트

- 돼지고기 초벌처리 체크(기름에 데쳐 (중식 조리용어 '화(化)') 부드럽게 준비)
- 완성된 피망의 선명한 색 체크

용어설명

- 칭지아로(靑椒) : 피망
- 칭지아오로우쓰(靑椒肉絲) : 고추잡채

요구사항

※ **주어진 재료를 사용하여 고추잡채를 만드시오.**

　가. 주재료 피망과 고기는 5cm의 채로 써시오.
　나. 고기는 간을 하여 기름에 익혀 사용하시오.

수험자 유의사항

1. 만드는 순서에 유의하며, 위생과 숙련된 기능평가를 위하여 조리작업 시 맛을 보지 않습니다.
2. 지정된 수험자 지참 준비물 이외의 조리기구나 재료를 시험장 내에 지참할 수 없습니다.
3. 지급재료는 시험 전 확인하여 이상이 있을 경우 시험위원으로부터 조치를 받고 시험 중에는 재료의 교환 및 추가지급은 하지 않습니다.
4. 요구사항 및 지급재료의 규격은 "정도"의 의미를 포함하며, 재료의 크기에 따라 가감하여 채점합니다.
5. 위생복, 위생모, 앞치마, 마스크를 착용하여야 하며, 시험장비·조리도구 취급 등 안전에 유의합니다.
6. 다음 사항은 실격에 해당하여 채점대상에서 제외됩니다.
   - 가) 수험자 본인이 시험 도중 시험에 대한 포기 의사를 표현하는 경우
   - 나) 위생복, 위생모, 앞치마, 마스크를 착용하지 않은 경우
   - 다) 시험시간 내에 과제 두 가지를 제출하지 못한 경우
   - 라) 문제의 요구사항대로 과제의 수량이 만들어지지 않은 경우
   - 마) 완성품을 요구사항의 과제(요리)가 아닌 다른 요리(예, 달걀말이 → 달걀찜)로 만든 경우
   - 바) 불을 사용하여 만든 조리작품이 작품 특성에 벗어나는 정도로 타거나 익지 않은 경우
   - 사) 해당과제의 지급재료 이외 재료를 사용하거나, 요구사항의 조리기구(석쇠 등)로 완성품을 조리하지 않은 경우
   - 아) 지정된 수험자지참물 이외의 조리기술에 영향을 줄 수 있는 기구를 사용한 경우
   - 자) 가스레인지 화구 2개 이상(2개 포함) 사용한 경우
   - 차) 시험 중 시설·장비(칼, 가스레인지 등) 사용 시 시험위원 및 타 수험자의 시험 진행에 위해를 일으킬 것으로 시험위원 전원이 합의하여 판단한 경우
   - 카) 요구사항에 표시된 실격 및 부정행위에 해당하는 경우
7. 항목별 배점은 위생상태 및 안전관리 5점, 조리기술 30점, 작품의 평가 15점입니다.
8. 시험시작 전 가벼운 몸 풀기(스트레칭) 동작으로 긴장을 풀고 시험을 시작합니다.

지급재료목록

돼지등심(살코기) 100g, **청주** 5ml, **녹말가루**(감자전분) 15g, **청피망**(중, 75g) 1개, **달걀** 1개, **죽순**(통조림(whole), 고형분) 30g, **건표고버섯**(지름 5cm, 물에 불린 것) 2개, **양파**(중, 150g) 1/2개, **참기름** 5ml, **식용유** 150ml, **소금**(정제염) 5g, **진간장** 15ml

 짝을 지어 잘 나오는 문제 묶어서 공부해 보세요.

빠스고구마 104p, 홍쇼두부 84p, 깐풍기 44p, 경장육사 76p

조리과정

01 돼지고기 채 썰기
- 돼지고기는 기름과 핏물을 제거하고 결대로 얇게 저민 후 5cm 길이로 썰어 청주, 간장으로 밑간을 해둔다.

02 부재료 썰기(피망)
- 피망은 씨와 속껍질을 제거한 후 길이 5cm, 두께 0.3cm로 채 썬다.

03 부재료 썰기(양파, 표고버섯, 죽순)
- 양파, 표고버섯도 피망과 같은 크기로 채 썬다.
- 죽순은 빗살을 제거한 후 길이 5cm, 두께 0.3cm로 채 썰어 끓는 물에 데친다.

04 돼지고기 반죽하기
- 밑간이 된 돼지고기에 달걀흰자와 녹말을 넣고 주물러 걸쭉하게 버무린다.

시험장에서의 **조리작업 순서**

돼지고기 채 썰어 밑간하기 ➡ 부재료 썰기(청피망, 표고버섯, 양파, 죽순) ➡ 채 썬 죽순 끓는 물에 데쳐내기 ➡ 돼지고기 반죽하기(달걀흰자와 녹말가루) ➡ 돼지고기 기름에 초벌하기 ➡ 채소 볶으면서(양파+청주, 간장, 죽순, 표고버섯, 피망+소금) 기름에 초벌한 돼지고기 넣어 볶기 ➡ 그릇에 담아내기

05 돼지고기 초벌하기 ▶ 돼지고기 기름에 데치기('화(化)'하기)

- 팬에 버무린 고기가 잠길 만큼의 식용유를 넣고 기름이 30℃ 정도가 되면 옷 입힌 돼지고기를 넣고 고기가 붙지 않도록 젓가락으로 계속 저어준다. 불의 세기가 60~70℃를 넘지 않도록 하며 고기 채가 떨어지면서 하얗게 떠오르면 체로 건져 기름을 뺀다.

> 화를 하는 이유는 고기를 부드럽게 먹기 위함으로 90% 정도 완숙으로 익힌다.

06 고추잡채 볶기

- 팬을 달군 후 기름을 두르고 양파를 넣어 향이 나게 볶으면서 간장, 청주를 넣고 이어서 표고버섯, 죽순을 넣어 볶다가 피망을 넣고 소금간을 한다.
- 피망은 선명한 색이 나도록 볶는다.

07 고추잡채 볶기(초벌한 돼지고기 넣기)

- 06 에 초벌한 05 의 돼지고기("화(化)"한 돼지고기)를 넣고 살짝 볶으면서 참기름을 넣어 마무리한다.

08 완성품 담기

- 접시에 완성된 고추잡채를 소복이 모아 담아낸다.

참고 사항

1. 돼지고기
- 돼지고기는 기름을 제거하고 결대로 썰어야 부서지지 않으며 소금과 청주로 밑간을 하였다가 달걀흰자와 녹말가루로 옷을 입히는데 옷이 두껍지 않도록 주의한다.
- 초벌 : 기름에 데치기(중식조리 용어 "화(化)") ➡ 화를 하는 이유는 고기를 부드럽게 먹기 위함으로 팬에 버무린 고기가 잠길 만큼의 식용유를 넣고 기름이 30℃ 정도가 되면 옷 입힌 돼지고기를 넣고 고기가 붙지 않도록 젓가락으로 계속 저어준다. 불의 세기가 60~70℃를 넘지 않도록 하며 고기 채가 떨어지면서 하얗게 떠오르면 체로 건져 기름을 뺀다.

2. 채소 썰기
- 피망은 씨와 속껍질을 제거한 후 5cm 정도의 채로 썰고, 양파는 양 끝을 깨끗이 정리한 후 채 썬다. 불린 표고버섯은 포를 떠서 채를 썬다. 죽순은 빗살을 제거하고 채 썰어서 끓는 물에 데쳐 아린 맛을 제거한다. 채소의 길이와 굵기가 전체적으로 일정하도록 준비한다.

3. 볶기
- 청피망의 식감과 색을 유지하기 위해서 센 불에서 재빨리 볶아 내도록 한다.

10 마파두부

(麻 삼마, 까실까실할마 婆 할미파 豆 콩두 腐 썩을부 : 마포또우푸)

 시험시간 **25**분

마파두부는 중국 청나라 때 사천 지방에 사는 얼굴에 곰보자국이 있는 할머니가 운영하는 음식점에서 처음 선보인 두부 요리로 전해지고 있다. 두반장의 매콤함과 두부의 부드러움이 어우러진 요리로 지금은 대표적인 사천요리가 되었다.

감독관의 중점 체크 포인트

- 두부가 부서지지 않았는지 체크
- 고추기름을 만들 때 타지 않았는지 체크
- 소스의 농도가 묽거나 된 지 체크

용어설명

- 마(麻) : 표면이 거칠다. 까칠까칠하다.
- 포(婆) : 할머니
- 마포(麻婆) : 얼굴에 얽힌 자국이 있는 할머니(곰보할머니)
- 또우푸(豆腐) : 두부
- 마포또우푸(麻婆豆腐) : 마파두부
- 두반장(豆瓣醬) : 누에콩으로 만든 된장에 고추나 각종 향신료를 넣은 것으로 매콤한 맛과 향이 있는 중국 요리에 쓰이는 장의 한 종류

요구사항

※ 주어진 재료를 사용하여 마파두부를 만드시오.

가. 두부는 1.5cm의 주사위 모양으로 써시오.
나. 두부가 으깨어지지 않게 하시오.
다. 고추기름을 만들어 사용하시오.
라. 홍고추는 씨를 제거하고 0.5cm × 0.5cm로 써시오.

수험자 유의사항

1. 만드는 순서에 유의하며, 위생과 숙련된 기능평가를 위하여 조리작업 시 맛을 보지 않습니다.
2. 지정된 수험자 지참 준비물 이외의 조리기구나 재료를 시험장 내에 지참할 수 없습니다.
3. 지급재료는 시험 전 확인하여 이상이 있을 경우 시험위원으로부터 조치를 받고 시험 중에는 재료의 교환 및 추가지급은 하지 않습니다.
4. 요구사항 및 지급재료의 규격은 "정도"의 의미를 포함하며, 재료의 크기에 따라 가감하여 채점합니다.
5. 위생복, 위생모, 앞치마, 마스크를 착용하여야 하며, 시험장비·조리도구 취급 등 안전에 유의합니다.
6. 다음 사항은 실격에 해당하여 **채점대상에서 제외**됩니다.
    가) 수험자 본인이 시험 도중 시험에 대한 포기 의사를 표현하는 경우
    나) 위생복, 위생모, 앞치마, 마스크를 착용하지 않은 경우
    다) 시험시간 내에 과제 두 가지를 제출하지 못한 경우
    라) 문제의 요구사항대로 과제의 수량이 만들어지지 않은 경우
    마) 완성품을 요구사항의 과제(요리)가 아닌 다른 요리(예, 달걀말이 → 달걀찜)로 만든 경우
    바) 불을 사용하여 만든 조리작품이 작품 특성에 벗어나는 정도로 타거나 익지 않은 경우
    사) 해당과제의 지급재료 이외 재료를 사용하거나, 요구사항의 조리기구(석쇠 등)로 완성품을 조리하지 않은 경우
    아) 지정된 수험자지참 이외의 조리기술에 영향을 줄 수 있는 기구를 사용한 경우
    자) 가스레인지 화구 2개 이상(2개 포함) 사용한 경우
    차) 시험 중 시설·장비(칼, 가스레인지 등) 사용 시 시험위원 및 타 수험자의 시험 진행에 위해를 일으킬 것으로 시험위원 전원이 합의하여 판단한 경우
    카) 요구사항에 표시된 실격 및 부정행위에 해당하는 경우
7. 항목별 배점은 위생상태 및 안전관리 5점, 조리기술 30점, 작품의 평가 15점입니다.
8. 시험시작 전 가벼운 몸 풀기(스트레칭) 동작으로 긴장을 풀고 시험을 시작합니다.

지급재료목록

두부 150g, 마늘(중, 깐 것) 2쪽, 생강 5g, 대파(흰부분, 6cm) 1토막, 홍고추(생) 1/2개, 두반장 10g, 검은후춧가루 5g, 돼지등심(다진 살코기) 50g, 흰설탕 5g, 녹말가루(감자전분) 15g, 참기름 5ml, 식용유 60ml, 진간장 10ml, 고춧가루 15g

 마파두부소스
물(육수) 3/4컵, 두반장 1큰술, 진간장 1작은술, 흰설탕 1작은술, 검은후춧가루 소량, 참기름 1/2작은술, 녹말물 1~2큰술

 고추기름 만들기 : 식용유 3큰술, 고춧가루 1큰술

 짝을 지어 잘 나오는 문제 묶어서 공부해 보세요.
난자완스 80p, 깐풍기 44p, 새우케첩볶음 68p, 탕수생선살 48p, 경장육사 76p, 울면 96p

조리과정

01 두부 썰어 데치기
- 냄비에 두부 데칠 물을 올린다.
- 두부는 사방 1.5cm의 주사위 모양으로 썰어 끓는 물에 살짝 데쳐 놓는다.

02 재료 썰기
- 홍고추는 반으로 갈라 씨를 제거하고 사방 0.5cm로 썬다.
- 대파는 반으로 갈라 속심을 제거하고 사방 0.5cm로 썬다.
- 마늘과 생강은 다진다.

03 돼지고기 다지기
- 다져서 지급된 돼지고기는 핏물을 제거하고 다시 한번 곱게 다져서 진간장과 후춧가루로 밑간을 해놓는다.

04 고추기름 만들기
- 팬에 식용유 3큰술을 두르고 살짝 달궈지면 고춧가루 1큰술을 넣고 약한 불에서 천천히 저어가며 고춧가루의 매콤한 향이 우러나면 면보(키친타올)에 걸러 고추기름을 만든다.

시험장에서의 조리작업 순서

두부 썰어서 데치기 ➡ 채소(홍고추, 대파, 마늘, 생강) 썰기 ➡ 돼지고기 다지기 ➡ 고추기름 만들기 ➡ 녹말물 만들기 ➡ 소스 만들기(고추기름-돼지고기-대파-마늘-생강-홍고추-물-간장-설탕-두반장-후춧가루) ➡ 소스에 두부 넣어 끓이기, 녹말물 ➡ 참기름 넣어 완성하기

05 녹말물 만들기

- 녹말물(녹말가루 1큰술, 물 2큰술)을 만든다.

06 마파두부 만들기(채소볶아 소스 만들기)

- 팬을 달궈서 고추기름을 두르고 다진 돼지고기를 볶은 다음 대파, 마늘, 생강, 홍고추를 넣어 볶다가 물(육수)(3/4컵), 진간장(1작은술), 흰설탕(1작은술), 두반장(1큰술), 후춧가루를 넣고 끓인다.

07 마파두부 만들기(두부 넣기)

- 매운소스에 데친 두부를 넣고 소스가 스며들게 끓이면서 녹말물을 넣어 농도를 내주고 참기름을 넣어 마무리 한다.

08 완성품 담기

- 완성 접시에 소복이 담아낸다.

1. 고추기름 만들기
- 보통 고춧가루 1 : 식용유 3의 비율로 약한 불에서 천천히 저어가며 고춧가루의 매콤한 향이 우러나오도록 끓이는데 온도가 높으면 고춧가루가 타서 고추기름이 검게 나오므로 주의한다.
- 완성된 고추기름은 면보나 키친타올을 이용하여 걸러 사용한다.

2. 두부는 으깨어지거나 타지 않도록 조심스럽게 다루며 끓는 물에 데쳐서 사용한다.

3. 돼지고기는 갈은 것이 지급 되더라도 다시 한번 다져서 사용하면 서로 붙지 않는다.

4. 완성하기
- 잘게 썬 재료들이 타지 않도록 주의해서 볶으며, 소스에 데친 두부를 넣고 녹말물로 농도를 맞출 때 두부가 으깨지지 않도록 주의한다.

NCS능력단위 **볶음조리**

새우케첩볶음

(番 우거질번 茄 연줄기가 蝦 새우하 仁 어질인 : 판치에샤런)

 **시험시간 25분**

새우케첩볶음은 새우를 바삭하게 튀겨서 새콤, 달콤한 토마토케첩소스에 볶듯이 버무려 낸 북경요리로 소스가 흘러내리지 않을 정도의 농도를 맞춰준다.

감독관의 중점 체크 포인트

- 채소의 크기가 일정한지 체크(1cm 크기의 사각)
- 새우 반죽하여 튀긴 상태 체크(온도 맞춰 2번 튀기기)
- 완성품 농도 체크(농도가 너무 묽지 않게 주의)

용어설명

- 판치에(番茄) : 토마토
- 판치에장(番茄酱) : 토마토케첩
- 샤런(蝦仁) : 새우살

요구사항

※ 주어진 재료를 사용하여 다음과 같이 새우케첩볶음을 만드시오.

가. 새우 내장을 제거하시오.
나. 당근과 양파는 1cm 크기의 사각으로 써시오.

수험자 유의사항

1 만드는 순서에 유의하며, 위생과 숙련된 기능평가를 위하여 조리작업 시 맛을 보지 않습니다.
2 지정된 수험자 지참 준비물 이외의 조리기구나 재료를 시험장 내에 지참할 수 없습니다.
3 지급재료는 시험 전 확인하여 이상이 있을 경우 시험위원으로부터 조치를 받고 시험 중에는 재료의 교환 및 추가지급은 하지 않습니다.
4 요구사항 및 지급재료의 규격은 "정도"의 의미를 포함하며, 재료의 크기에 따라 가감하여 채점합니다.
5 위생복, 위생모, 앞치마, 마스크를 착용하여야 하며, 시험장비ㆍ조리도구 취급 등 안전에 유의합니다.
6 다음 사항은 실격에 해당하여 채점대상에서 제외됩니다.
　가) 수험자 본인이 시험 도중 시험에 대한 포기 의사를 표현하는 경우
　나) 위생복, 위생모, 앞치마, 마스크를 착용하지 않은 경우
　다) 시험시간 내에 과제 두 가지를 제출하지 못한 경우
　라) 문제의 요구사항대로 과제의 수량이 만들어지지 않은 경우
　마) 완성품을 요구사항의 과제(요리)가 아닌 다른 요리(예, 달걀말이 → 달걀찜)로 만든 경우
　바) 불을 사용하여 만든 조리작품이 작품 특성에 벗어나는 정도로 타거나 익지 않은 경우
　사) 해당과제의 지급재료 이외 재료를 사용하거나, 요구사항의 조리기구(석쇠 등)로 완성품을 조리하지 않은 경우
　아) 지정된 수험자지참물 이외의 조리기술에 영향을 줄 수 있는 기구를 사용한 경우
　자) 가스레인지 화구 2개 이상(2개 포함) 사용한 경우
　차) 시험 중 시설ㆍ장비(칼, 가스레인지 등) 사용 시 시험위원 및 타 수험자의 시험 진행에 위해를 일으킬 것으로 시험위원 전원이 합의하여 판단한 경우
　카) 요구사항에 표시된 실격 및 부정행위에 해당하는 경우
7 항목별 배점은 위생상태 및 안전관리 5점, 조리기술 30점, 작품의 평가 15점입니다.
8 시험시작 전 가벼운 몸 풀기(스트레칭) 동작으로 긴장을 풀고 시험을 시작합니다.

지급재료목록

작은새우살(내장있는 것) 200g, **진간장** 15ml, **달걀** 1개, **녹말가루**(감자전분) 100g, **토마토케첩** 50g, **청주** 30ml, **당근**(길이로 썰어서) 30g, **양파**(중, 150g) 1/6개, **소금**(정제염) 2g, **흰설탕** 10g, **식용유** 800ml, **생강** 5g, **대파**(흰부분, 6cm) 1토막, **이쑤시개** 1개, **완두콩** 10g

새우케첩볶음 소스

토마토케첩 3큰술, **물**(육수) 1/2컵, **청주** 1큰술, **흰설탕** 2작은술, **진간장** 1작은술, **녹말물** 1~2큰술

> 짝을 지어 잘 나오는 문제 묶어서 공부해 보세요.
>
> 난자완스 80p, 빠스옥수수 100p, 깐풍기 44p, 마파두부 64p, 라조기 52p

조리과정

01 앙금녹말 만들기
- 물과 녹말가루를 동량으로 섞어 녹말을 가라앉혀 튀김옷에 사용할 앙금녹말을 만든다.

02 새우살 내장 제거하기, 녹말물 만들기
- 새우살은 이쑤시개를 이용하여 등 쪽에서 내장을 제거하고 소금물에 씻어 물기를 제거 한 후 소금, 청주를 뿌려 놓는다.
- 녹말물(녹말가루 1큰술, 물 2큰술)을 만든다.

03 부재료 썰기
- 당근과 양파는 사방 1cm 크기의 사각으로 썬다.
- 대파는 반으로 갈라 속을 제거하고 사방 1cm 크기로 썰고 생강은 편 썬다.
- 완두콩은 데쳐서 준비한다.

04 새우살 반죽하기
- 튀김기름은 중불로 서서히 올려 온도를 맞춘다.
- 밑간을 해둔 새우살에 수분을 따라내고 달걀물, 앙금녹말을 넣어 되직하고 쫀득하게 반죽한다.

시험장에서의 조리작업 순서

앙금녹말 만들기 ➡ 새우 내장 제거하여 밑간하기 ➡ 녹말물 만들기 ➡ 재료(양파, 당근, 대파, 생강) 썰기 ➡ 기름 냄비 올리기 ➡ 새우 튀김옷 입혀 튀기기 ➡ 볶기(대파, 생강, 간장, 청주, 양파, 당근, 토마토케첩, 물, 설탕, 소금, 녹말물) ➡ 튀긴 새우 넣고 버무려 완성하기

05 새우살 튀기기

- 옷을 입힌 새우살은 튀김기름에 바삭하게 2번 튀겨낸다.
  (튀김요령)
- 첫 번째는 130℃의 온도에 새우살을 한 마리씩 넣어 튀겨지면 체로 건져낸 후 다시 기름의 온도를 170℃로 올려 노릇하게 튀겨 건져서 기름을 뺀다.

06 향기름에 채소볶아 녹말물로 농도 맞추기

- 팬을 가열한 후 기름을 두르고 대파와 생강을 넣어 살짝 볶으면서 진간장, 청주로 향을 내고 양파, 당근을 넣어 신속하게 볶는다. 여기에 토마토케첩(3큰술)을 넣어 살짝 볶으면서 물(육수)(1/2컵), 청주(1큰술), 흰설탕(1작은술), 진간장(1작은술) 약간을 넣어 가미한 후 녹말물로 농도를 맞춘다.

07 새우 케첩볶음 볶기(튀긴 새우 넣기)

- 06 에 튀겨 놓은 새우를 넣고 잘 버무린다.

08 완성품 담기

- 접시에 완성된 새우케첩볶음을 담아낸다.

1. 새우 손질
- 새우는 등 쪽 2번째 마디에서 내장을 제거한 후 물기를 제거하고 소량의 소금과 청주를 넣고 밑간을 해둔다.
  (새우 자체의 간이 있으므로 소금은 소량만 사용)

2. 채소 준비
- 당근과 양파, 대파는 사방 1cm 정도 사각으로 썰고, 생강은 편 썬다.
- 생 완두콩의 경우는 삶아서 사용하고 캔 완두콩의 경우는 데쳐서 준비한다.

3. 튀기기
: 밑간이 된 새우살에 달걀과 앙금녹말을 넣고 버무려 반죽을 되직하게 하여 튀김기름에 바삭하고 노릇하게 튀겨낸다.

4. 볶기
: 기름 두른 팬에 대파와 생강을 볶으면서 청주, 간장을 넣어 향을 낸 후 채소를 넣어야 소스 맛이 은은하고 좋다.

5. 소스 만들기
- 채소가 볶아지면 토마토케첩을 넣고 잠시 볶은 후 물(육수)을 넣는다. 소스는 단시간 내에 만들어야 채소의 색상을 살릴 수 있다. 녹말물을 넣을 때는 조금씩 풀어 넣어 고르게 농도가 날 수 있도록 잘 저어준다.

6. 완성하기
: 완성된 소스에 튀긴 새우를 넣고 버무려 준비된 접시에 보기 좋게 담아낸다.

NCS능력단위 **볶음조리**

12 채소볶음

(炒 볶을초 蔬 푸성귀소 菜 나물채 : 차오수사이)

 시험시간 **25**분

채소볶음은 여러 가지 아름다운 색상의 채소들을 부드럽게 볶은 요리로 색이 화려하고 채소의 담백한 맛이 특징이며 북경요리에 속한다.

감독관의 중점 체크 포인트

- 채소의 크기가 일정한지 체크
- 소스의 색상 체크(간장은 소량만 사용하기)
- 완성품 채소의 색상 체크(센 불에서 재빨리 볶아 선명한색 유지하기)

용어설명

- 차오(炒) : 기름 등으로 볶음
- 차오수사이(炒蔬菜) : 야채볶음, 채소볶음

요구사항

※ **주어진 재료를 사용하여 채소볶음을 만드시오.**

가. 모든 채소는 길이 4cm의 편으로 써시오.
나. 대파, 마늘, 생강을 제외한 모든 채소는 끓는 물에 살짝 데쳐서 사용하시오.

수험자 유의사항

1. 만드는 순서에 유의하며, 위생과 숙련된 기능평가를 위하여 조리작업 시 맛을 보지 않습니다.
2. 지정된 수험자 지참 준비물 이외의 조리기구나 재료를 시험장 내에 지참할 수 없습니다.
3. 지급재료는 시험 전 확인하여 이상이 있을 경우 시험위원으로부터 조치를 받고 시험 중에는 재료의 교환 및 추가지급은 하지 않습니다.
4. 요구사항 및 지급재료의 규격은 "정도"의 의미를 포함하며, 재료의 크기에 따라 가감하여 채점합니다.
5. 위생복, 위생모, 앞치마, 마스크를 착용하여야 하며, 시험장비·조리도구 취급 등 안전에 유의합니다.
6. 다음 사항은 실격에 해당하여 **채점대상에서 제외**됩니다.
    가) 수험자 본인이 시험 도중 시험에 대한 포기 의사를 표현하는 경우
    나) 위생복, 위생모, 앞치마, 마스크를 착용하지 않은 경우
    다) 시험시간 내에 과제 두 가지를 제출하지 못한 경우
    라) 문제의 요구사항대로 과제의 수량이 만들어지지 않은 경우
    마) 완성품을 요구사항의 과제(요리)가 아닌 다른 요리(예. 달걀말이 → 달걀찜)로 만든 경우
    바) 불을 사용하여 만든 조리작품이 작품 특성에 벗어나는 정도로 타거나 익지 않은 경우
    사) 해당과제의 지급재료 이외 재료를 사용하거나, 요구사항의 조리기구(석쇠 등)로 완성품을 조리하지 않은 경우
    아) 지정된 수험자지참물 이외의 조리기술에 영향을 줄 수 있는 기구를 사용한 경우
    자) 가스레인지 화구 2개 이상(2개 포함) 사용한 경우
    차) 시험 중 시설·장비(칼, 가스레인지 등) 사용 시 시험위원 및 타 수험자의 시험 진행에 위해를 일으킬 것으로 시험위원 전원이 합의하여 판단한 경우
    카) 요구사항에 표시된 실격 및 부정행위에 해당하는 경우
7. 항목별 배점은 위생상태 및 안전관리 5점, 조리기술 30점, 작품의 평가 15점입니다.
8. 시험시작 전 가벼운 몸 풀기(스트레칭) 동작으로 긴장을 풀고 시험을 시작합니다.

지급재료목록

청경채 1개, **대파**(흰부분, 6cm) 1토막, **당근**(길이로 썰어서) 50g, **죽순**(통조림(whole), 고형분) 30g, **청피망**(중, 75g) 1/3개, **건표고버섯**(지름 5cm, 물에 불린 것) 2개, **식용유** 45ml, **소금**(정제염) 5g, **진간장** 5ml, **청주** 5ml, **참기름** 5ml, **마늘**(중, 깐 것) 1쪽, **흰 후춧가루** 2g, **생강** 5g, **셀러리** 30g, **양송이**(통조림(whole), 양송이 큰 것) 2개, **녹말가루**(감자전분) 20g

 채소볶음 소스
물(육수) 1/3컵, **진간장** 1작은술, **청주** 1작은술, **소금** 적량, **흰 후춧가루** 2g
참기름 1/2작은술, **녹말물** 1/2~1큰술

 짝을 지어 잘 나오는 문제 묶어서 공부해 보세요.
탕수생선살 48p, 부추잡채 56p, 난자완스 80p, 탕수육 40p,
울면 96p

조리과정

01 채소 썰기(죽순, 표고버섯, 청피망, 당근)

- 냄비에 채소 데칠 물을 올린다.
- 죽순은 석회질을 제거하고 빗살을 살려 길이 4cm로 편 썬다.
- 표고버섯은 기둥을 떼고 엇비슷하게 길이 4cm로 편 썬다.
- 청피망과 당근은 길이 4cm 폭 1.5cm로 썬다.

02 채소썰기(양송이, 셀러리)

- 양송이는 모양을 살려 편 썬다.
- 셀러리는 섬유질을 제거하고 엇비슷하게 폭 1.5cm, 길이 4cm로 썬다.

03 채소 썰기(대파, 마늘, 생강)

- 대파는 1/2등분 하여 4cm 길이로 썬다.
- 마늘, 생강은 편 썬다.

04 채소 데치기

- 끓는 물에 향채소(대파, 마늘, 생강)를 제외한 청경채, 당근, 죽순, 청피망, 표고버섯, 셀러리, 양송이를 데쳐 물기를 제거한다.

시험장에서의 조리작업 순서

채소 썰기(죽순 석회질 제거 후 빗살, 셀러리 섬유질 제거 후 어슷썰기, 당근과 피망, 표고버섯 1.5×4cm, 양송이 모양 살려서) ➡ 편 썰기(대파, 마늘, 생강) ➡ 채소 데치기(청경채, 죽순, 표고버섯, 당근, 피망, 셀러리, 양송이) ➡ 녹말물 준비 ➡ 채소 볶기 ➡ 물 녹말 넣기 ➡ 참기름 두르기 ➡ 담기

05 녹말물 만들기

- 녹말물(녹말가루 1큰술, 물 2큰술)을 만든다.

06 채소볶음 만들기(채소볶아서 물 넣기)

- 팬을 달궈 기름을 두르고 대파, 마늘, 생강을 넣고 진간장, 청주를 넣어 향을 낸 다음 데친 재료를 넣어(청피망, 청경채는 마지막에 넣기) 센 불에서 재빨리 볶으면서 물(육수)(1/3컵)을 넣어 끓으면 소금과 흰 후춧가루로 간을 한다.

07 채소볶음 만들기(녹말물 넣어 농도 맞추기)

- 06 에 녹말물을 조금씩 넣으며 농도를 맞추고 참기름을 둘러 윤기 나게 섞는다.

08 완성품 담기

완성 접시에 색상을 맞춰 담아낸다.

참고 사항

1. 채소 손질 및 썰기
- 죽순은 대부분 통조림에 든 죽순이 나오는데 죽순 빗살 사이에 흰 석회질을 제거하고 빗살을 살려 편으로 썬다.
- 셀러리는 섬유질을 제거하고 사용해야 부드러우며 말발굽 모양으로 어슷썰어 결을 꺾어 썰어야 질기지 않다.
- 청경채는 겉대와 속대의 크기가 다르므로 한 잎씩 떼어서 썬다.

2. 데치기
- 채소볶음에 사용하는 채소는 대파, 마늘, 생강을 제외하고 모두 살짝 데쳐서 사용해야 색상도 좋고 맛도 담백하다.

3. 볶기
- 볶음 요리는 향채소(대파, 마늘, 생강)로 향을 낸 후 데쳐낸 채소를 넣고 센 불에서 빠르게 볶아내야 색이 곱다.
- 물(육수)은 다른 요리에 비해서 적게 사용하며 녹말물은 국물의 농도가 흘러 내리지 않을 정도로만 사용한다.

NCS능력단위 **볶음조리**

13 경장육사

(京 서울경 醬 된장장 肉 고기육 絲 실사 : 징장러우쓰)

 시험시간 **30분**

경장육사는 베이징의 전통요리로 돼지고기를 가늘게 썰어서 춘장에 볶은 후 파채를 깔고 그 위에 올려낸 요리로 아주 연하고 부드럽다. 돼지고기 외에도 소고기나 해물을 사용해도 좋으며 꽃빵을 곁들여 먹어도 좋다.

감독관의 중점 체크 포인트

- 대파 채 썬 상태 체크(곱게 어슷하게 채 썰기)
- 춘장의 볶아진 상태 체크(뭉치지 않고 타지 않도록 촉촉하게 볶기)
- 춘장 넣어 전체를 볶은 상태 체크(전체적으로 색이 너무 진하지 않으면서 농도가 묽지 않게 볶기)

용어설명

- 징장(京酱) : 중국 베이징의 고유의 장
- 러우(肉) : 고기
- 쓰(丝) : "실"을 뜻함(가늘다는 표현)
- 러우쓰(肉丝) : 고기를 실처럼 가늘게 채 써는 것

요구사항

※ **주어진 재료를 사용하여 경장육사를 만드시오.**

가. 돼지고기는 길이 5cm의 얇은 채로 썰고, 기름에 익혀 사용하시오.
나. 춘장은 기름에 볶아서 사용하시오.
다. 대파 채는 길이 5cm 정도로 어슷하게 채 썰어 매운맛을 빼고 접시에 담으시오.

수험자 유의사항

1 만드는 순서에 유의하며, 위생과 숙련된 기능평가를 위하여 조리작업 시 맛을 보지 않습니다.
2 지정된 수험자 지참 준비물 이외의 조리기구나 재료를 시험장 내에 지참할 수 없습니다.
3 지급재료는 시험 전 확인하여 이상이 있을 경우 시험위원으로부터 조치를 받고 시험 중에는 재료의 교환 및 추가지급은 하지 않습니다.
4 요구사항 및 지급재료의 규격은 "정도"의 의미를 포함하며, 재료의 크기에 따라 가감하여 채점합니다.
5 위생복, 위생모, 앞치마, 마스크를 착용하여야 하며, 시험장비·조리도구 취급 등 안전에 유의합니다.
6 다음 사항은 실격에 해당하여 채점대상에서 제외됩니다.
   가) 수험자 본인이 시험 도중 시험에 대한 포기 의사를 표현하는 경우
   나) 위생복, 위생모, 앞치마, 마스크를 착용하지 않은 경우
   다) 시험시간 내에 과제 두 가지를 제출하지 못한 경우
   라) 문제의 요구사항대로 과제의 수량이 만들어지지 않은 경우
   마) 완성품을 요구사항의 과제(요리)가 아닌 다른 요리(예, 달걀말이 → 달걀찜)로 만든 경우
   바) 불을 사용하여 만든 조리작품이 작품 특성에 벗어나는 정도로 타거나 익지 않은 경우
   사) 해당과제의 지급재료 이외 재료를 사용하거나, 요구사항의 조리기구(석쇠 등)로 완성품을 조리하지 않은 경우
   아) 지정된 수험자지참물 이외의 조리기술에 영향을 줄 수 있는 기구를 사용한 경우
   자) 가스레인지 화구 2개 이상(2개 포함) 사용한 경우
   차) 시험 중 시설·장비(칼, 가스레인지 등) 사용 시 시험위원 및 타 수험자의 시험 진행에 위해를 일으킬 것으로 시험위원 전원이 합의하여 판단한 경우
   카) 요구사항에 표시된 실격 및 부정행위에 해당하는 경우
7 항목별 배점은 위생상태 및 안전관리 5점, 조리기술 30점, 작품의 평가 15점입니다.
8 시험시작 전 가벼운 몸 풀기(스트레칭) 동작으로 긴장을 풀고 시험을 시작합니다.

지급재료목록

돼지등심(살코기) 150g, 죽순(통조림(whole), 고형분) 100g, 대파(흰부분, 6cm) 3토막, 달걀 1개, 춘장 50g, 식용유 300ml, 흰설탕 30g, 굴소스 30ml, 청주 30ml, 진간장 30ml, 녹말가루(감자전분) 50g, 참기름 5ml, 마늘(중, 깐 것) 1쪽, 생강 5g

 춘장볶음 소스

진간장 1작은술, 청주 1작은 술, 볶은 춘장 1/2~1큰술, 굴소스 1작은술,
흰설탕 1큰술, 물 2큰술, 참기름 1작은 술, 녹말물 1~2큰술

 짝을 지어 잘 나오는 문제 묶어서 공부해 보세요.

마파두부 64p, 오징어 냉채 28p, 해파리 냉채 32p, 빠스옥수수 100p,
고추잡채 60p, 라조기 52p

조리과정

01 대파 채 썰어 매운맛 빼기
- 대파의 2/3는 길이로 반 갈라 안의 속심은 빼내고 길이 5cm로 어슷하고 가늘게 채 썰어 찬물에 담가 살짝 주물러 씻어 매운맛을 빼준 후 물을 갈아서 약 10분가량 물에 담가둔다.
- 매운맛이 빠진 대파 채는 체에 밭쳐 두었다가 면보로 옮겨 수분을 제거한다.

02 돼지고기 채 썰어 반죽하기
- 돼지고기는 길이 5cm로 결대로 얇게 채 썰어 진간장과 청주로 밑간을 하였다가 달걀흰자와 녹말을 넣고 주물러 걸쭉하게 버무린다.

03 돼지고기 초벌하기 ▶ 돼지고기 기름에 데치기('화(化)'하기)
- 돼지고기 기름에 데치기(중식조리용어 "화(化)")
- 팬에 버무린 고기가 잠길 만큼의 식용유를 넣고 기름이 30℃ 정도가 되면 옷 입힌 돼지고기를 넣고 고기가 붙지 않도록 젓가락으로 계속 저어준다. 불의 세기가 60~70℃를 넘지 않도록 하며 고기 채가 떨어지면서 하얗게 떠오르면 체로 건져 기름을 뺀다.

> 화를 하는 이유는 고기를 부드럽게 먹기 위함으로 90%정도 완숙으로 익힌다.

04 부재료 썰기
- 죽순은 석회질을 제거하고 길이 5cm로 채 썰어 끓는 물에 데친다.
- 나머지 대파와 마늘, 생강은 잘게 썰거나 다진다.

대파 반 갈라서 5cm 길이로 어슷썰어 찬물 담가 매운맛 빼기 ➡ 돼지고기 채 썰어 반죽하기 ➡ 돼지고기 기름에 초벌하기(중식조리용어 "화(化)") ➡ 죽순 채 썰어 데치기 ➡ 대파, 마늘, 생강 다지기 ➡ 춘장 볶기 ➡ 대파 채 물기 제거하고 접시에 담기 ➡ 채소 볶으면서 초벌한 돼지고기 넣고 양념하기 ➡ 녹말물 넣기 ➡ 참기름 두르기 ➡ 대파 채 위에 소복이 담아내기

05 춘장 볶기

- 팬에 춘장이 잠길 정도의 기름(식용유2 : 춘장1)을 넣고 기름온도가 120℃ 정도가 되면 춘장을 넣고 은근하게 볶는다.
- 생 춘장이 풀어지면서 기포가 생기고 구수한 향이 나면(떫은맛도 없어짐) 그릇에 담아 놓는다.
- 이때 춘장이 타거나 눌어붙지 않도록 잘 저어주고 불의 세기에 주의한다.

06 대파 채 접시에 담기, 녹말물 만들기

- 물기 뺀 대파 채를 접시에 돌려 담아 둔다.
- 녹말물(녹말가루 1큰술, 물 2큰술)을 만든다.

07 경장육사 만들기

- 팬을 가열한 후 기름을 두르고 대파, 마늘, 생강을 먼저 넣어 볶으면서 간장과 청주를 넣어 향을 낸다. 이어서 죽순 채, 초벌한 돼지고기, 볶은 춘장(1/2~1큰술), 굴소스(1작은술), 흰설탕(1큰술)을 넣어 간을 맞추고 물(2큰술)을 넣어 살짝 졸이듯 끓이면서 녹말물로 농도를 맞추고 참기름을 둘러낸다.

08 완성품 담기

- 대파 채를 담은 접시 위에 소복하게 담아낸다.

참고사항

1. 대파는 길이로 반을 잘라서 5cm 정도 길이로 어슷 썰어 매운맛을 빼기 위해 찬물에 약 10분가량 담갔다가 체에 밭쳐 물기를 빼고 면보로 옮겨 물기를 제거한다.

2. 돼지고기
- 돼지고기는 기름을 제거하고 결대로 가늘게 채 썰어 간장과 청주로 밑간을 하였다가 달걀흰자와 녹말가루로 옷을 입히는데 옷이 두껍지 않도록 주의한다.
- 초벌 : 기름에 데치기(중식조리용어 - "화(化)") ➡ 화를 하는 이유는 고기를 부드럽게 먹기 위함으로 팬에 버무린 고기가 잠길 만큼의 식용유를 넣고 기름이 30℃ 정도가 되면 옷 입힌 돼지고기를 넣어 고기가 붙지 않도록 젓가락으로 계속 저어준다. 불의 세기가 60~70℃를 넘지 않도록 하며 고기 채가 떨어지면서 하얗게 떠오르면 체로 건져 기름을 뺀다.

3. 춘장 볶기
- 팬에 춘장이 잠길 정도의 기름(식용유2:춘장1)을 넣고 춘장을 넣어 타거나 눌어붙지 않도록 불의 세기에 주의하며 떫은맛이 없어지고 구수한 향이 나도록 볶아 그릇에 담아 놓는다.

4. 재료 볶기
- 굴 소스와 춘장을 넣을 때 완성품이 짜지지 않도록 주의한다.

NCS능력단위 **조림조리**

14 난자완스

(南 남녁남 煎 달일전 丸 둥글환 子 아들자 : 난지엔완즈)

 시험시간 **25분**

다진 돼지고기를 완자모양으로 넉넉한 기름에 튀겨 소스에 버무린 음식으로 전(煎)은 지짐을 말하며, 완스(丸子)는 재료를 곱게 다져 동그랗게 빚어 만든 것을 뜻하는데 중국 산동지방 요리로 남쪽지방(南)의 기름에 지진(煎) 완자(丸子)를 뜻한다.

감독관의 중점 체크 포인트

- 돼지고기 양념하여 끈기가 생기도록 처리하는지 체크
  (젓가락으로 한쪽 방향으로 계속 저어 끈기가 생기게 함)
- 완자를 한 손에 쥐어 수저나 손으로 떼어 넣는지 체크
  (접시에 완자를 빚어서 담으면 감점 처리)
- 소스의 농도 체크(너무 묽지 않도록 하기)

용어설명

- 지엔(煎) : 기름에 지진 음식형태
- 완즈(丸子) : 완자모양
- 난지엔완즈(南煎丸子) : 돼지고기 완자를 기름에 튀긴 남방식의 음식

요구사항

※ **주어진 재료를 사용하여 다음과 같이 난자완스를 만드시오.**

가. 완자는 지름 4cm 정도로 둥글고 납작하게 만드시오.
나. 완자는 손이나 수저로 하나씩 떼어 팬에서 모양을 만드시오.
다. 채소는 4cm 크기의 편으로 써시오.(단, 대파는 3cm 크기)
라. 완자는 갈색이 나도록 하시오.

수험자 유의사항

1. 만드는 순서에 유의하며, 위생과 숙련된 기능평가를 위하여 조리작업 시 맛을 보지 않습니다.
2. 지정된 수험자 지참 준비물 이외의 조리기구나 재료를 시험장 내에 지참할 수 없습니다.
3. 지급재료는 시험 전 확인하여 이상이 있을 경우 시험위원으로부터 조치를 받고 시험 중에는 재료의 교환 및 추가지급은 하지 않습니다.
4. 요구사항 및 지급재료의 규격은 "정도"의 의미를 포함하며, 재료의 크기에 따라 가감하여 채점합니다.
5. 위생복, 위생모, 앞치마, 마스크를 착용하여야 하며, 시험장비·조리도구 취급 등 안전에 유의합니다.
6. 다음 사항은 실격에 해당하여 채점대상에서 제외됩니다.
   가) 수험자 본인이 시험 도중 시험에 대한 포기 의사를 표현하는 경우
   나) 위생복, 위생모, 앞치마, 마스크를 착용하지 않은 경우
   다) 시험시간 내에 과제 두 가지를 제출하지 못한 경우
   라) 문제의 요구사항대로 과제의 수량이 만들어지지 않은 경우
   마) 완성품을 요구사항의 과제(요리)가 아닌 다른 요리(예, 달걀말이 → 달걀찜)로 만든 경우
   바) 불을 사용하여 만든 조리작품이 작품 특성에 벗어나는 정도로 타거나 익지 않은 경우
   사) 해당과제의 지급재료 이외 재료를 사용하거나, 요구사항의 조리기구(석쇠 등)로 완성품을 조리하지 않은 경우
   아) 지정된 수험자지참물 이외의 조리기술에 영향을 줄 수 있는 기구를 사용한 경우
   자) 가스레인지 화구 2개 이상(2개 포함) 사용한 경우
   차) 시험 중 시설·장비(칼, 가스레인지 등) 사용 시 시험위원 및 타 수험자의 시험 진행에 위해를 일으킬 것으로 시험위원 전원이 합의하여 판단한 경우
   카) 요구사항에 표시된 실격 및 부정행위에 해당하는 경우
7. 항목별 배점은 위생상태 및 안전관리 5점, 조리기술 30점, 작품의 평가 15점입니다.
8. 시험시작 전 가벼운 몸 풀기(스트레칭) 동작으로 긴장을 풀고 시험을 시작합니다.

지급재료목록

돼지등심(다진살코기) 200g, **마늘**(중, 깐 것) 2쪽, **대파**(흰부분, 6cm) 1토막, **소금**(정제염) 3g, **달걀** 1개, **녹말가루**(감자전분) 50g, **죽순**(통조림(whole), 고형분) 50g, **건표고버섯**(지름 5cm, 물에 불린 것) 2개, **생강** 5g, **검은후춧가루** 1g, **청경채** 1포기, **진간장** 15ml, **청주** 20ml, **참기름** 5ml, **식용유** 800ml

 난자완스 소스
물(육수) 1컵, **진간장** 2작은술, **청주** 2작은술, **소금** 약간, **참기름** 1작은술, **녹말물** 1~2큰술

> 짝을 지어 잘 나오는 문제 묶어서 공부해 보세요.
> 마파두부 64p, 채소볶음 72p, 홍쇼두부 84p, 유니짜장면 92p, 부추잡채 56p, 새우케첩볶음 68p, 빠스옥수수 100p

조리과정

01 부재료 썰기

- 죽순은 석회질을 제거하고 빗살을 살려 4cm 크기의 편으로 썰고 청경채는 밑 부분을 잘라내고 4cm 길이로 자른다.
- 대파는 1/2 등분 하여 3cm 크기로 썰고 마늘은 편 썰고 생강은 곱게 다진다.
- 표고버섯은 물기를 제거하고 기둥을 뗀 후 어슷하게 4등분 한다.

02 채소 데치기, 녹말물 만들기

- 끓는 물에 죽순, 청경채, 표고버섯을 데쳐낸다.
- 녹말물(녹말가루 1큰술, 물 2큰술)을 만든다.

03 돼지고기 반죽하기

- 다진 돼지고기는 핏물을 제거(키친타올)하고 다시 한 번 곱게 다진다.
- 볼에 다진 돼지고기를 담고 달걀흰자(1/2큰술), 물(1/2큰술), 청주(1작은술), 소금(약간), 녹말가루(1/2큰술), 후춧가루를 넣고 끈기가 생기도록 나무젓가락으로 한쪽 방향으로 계속 돌려 치댄다.

04 완자 튀기기(1차 튀겨 국자로 살며시 둥글납작하게 누르기)

- 튀김기름은 중불로 서서히 올려 온도(80℃)를 맞춘다.
- 양념한 돼지고기를 한 손에 쥐어 수저나 손으로 떼어 넣어 안 풀릴 정도로 살짝(색이 나지 않으면서 완자가 풀리지 않도록만 튀긴다) 튀겨(완자 크기가 약 지름 4cm정도) 체에 건져 국자로 둥글납작하게 누른다.

시험장에서의 **조리작업 순서**

채소 썰기(4cm편, 대파는 3cm) ➡ 채소 데치기(죽순, 표고버섯, 청경채) ➡ 녹말물 만들기 ➡ 돼지고기 양념하여 반죽해놓기 ➡ 튀김기름 올리기 ➡ 완자 넣어 튀기기 ➡ 완자 눌러 다시 튀기기 ➡ 채소볶기 ➡ 소스 만들기 ➡ 튀긴 완자 넣어 조리기 ➡ 녹말물로 소스 농도 맞추기 ➡ 참기름으로 맛내기 ➡ 담아내기

05 완자 튀기기(2차 튀기기)

- 04 의 튀김기름의 온도(160~170℃)를 올려 눌러놓은 완자를 넣어 노릇하게 튀겨 기름을 뺀다.

06 난자완스 볶기

- 팬을 가열한 후 기름을 두르고 대파, 마늘, 생강을 먼저 넣어 볶으면서 향을 내고 진간장(2작은술)과 청주(2작은술)를 넣어 색을 내어 볶는다. 이어 표고버섯, 죽순을 넣고 다시 볶으면서 물(육수)(1컵)을 넣고 소금 간을 한 다음 살짝 조린다.

07 난자완스 볶기(완자 넣어 살짝 조리기)

- 06 에 튀긴 완자를 넣고 조리면서 청경채를 넣고 녹말물을 넣어 농도를 맞춘 후 참기름을 둘러 살짝 버무려 낸다.

08 완성품 담기

- 완성 접시에 담아낸다.

1. 돼지고기 양념 및 완자 빚어 튀기기
- 다진 돼지고기에 달걀, 물, 청주, 녹말가루, 소금, 후춧가루를 넣고 나무젓가락으로 한쪽 방향으로 계속 돌려서 끈기가 생기도록 치대어 준다.
- 완자는 손이나 수저로 떼어야하며 접시에서 모양을 잡으면 감점 처리되므로 주의한다.
- 양념한 돼지고기를 한 손에 쥐어 수저나 손으로 떼어 기름에 넣어 안 풀릴 정도로 살짝 튀기는데 너무 튀기게 되면 국자로 눌렀을 때 납작하게 눌러지지 않는다. 납작하게 튀긴 완자는 기름 온도를 올려 노릇하게 마저 튀긴다.

2. 채소 볶기
- 대파, 마늘, 생강과 같은 향 채소를 먼저 볶을 때 타지 않도록 주의하며 청경채는 소스를 만든 후에 따로 넣어 색을 보존한다.

3. 소스 만들기
- 채소를 볶고 물을 넣은 후에는 채소의 맛과 모양을 살리기 위해 센 불에서 끓어오르게 만들고 튀긴 완자를 넣고 중불로 살짝 조린 후 녹말물과 참기름으로 마무리한다.

NCS능력단위 **조림조리**

15 홍쇼두부

(紅 붉을 홍 燒 익힐소 豆 콩두 腐 썩을부 : 홍샤오또우푸)

 시험시간 **30분**

샤오(燒)는 신선한 재료를 기름에 볶아서 육수와 조미료를 넣고 조리하는 요리법으로 간장을 넣고 끓이는 홍샤오(紅燒)와 맑은 육수로만 끓이는 바이샤오(白燒)가 있는데 홍쇼두부는 두부를 노릇하게 튀겨 간장으로 조미를 한 소스에 버무린 음식이다.

감독관의 중점 체크 포인트

- 두부가 으스러지지 않았는지 체크
- 채소의 색이 변색되지 않았는지 체크
- 전체적인 색상 체크(연한 간장색이 나도록 하기)
- 소스의 농도 체크(채소와 튀긴 두부가 어우러지도록 너무 묽지 않도록 하기)

용어설명

- 또우푸(豆腐) : 두부
- 샤오(燒) : 재료를 기름에 볶아서 육수와 조미료를 넣고 조리하는 요리법
- 홍샤오(紅燒) : 재료를 기름에 볶아서 육수와 조미료를 넣고 간장으로 색을 낸 요리법

요구사항

※ **주어진 재료를 사용하여 홍쇼두부를 만드시오.**

가. 두부는 가로와 세로 5cm, 두께 1cm의 삼각형 크기로 써시오.
나. 채소는 편으로 써시오.
다. 두부는 으깨어지거나 붙지 않게 하고 갈색이 나도록 하시오.

수험자 유의사항

1. 만드는 순서에 유의하며, 위생과 숙련된 기능평가를 위하여 조리작업 시 맛을 보지 않습니다.
2. 지정된 수험자 지참 준비물 이외의 조리기구나 재료를 시험장 내에 지참할 수 없습니다.
3. 지급재료는 시험 전 확인하여 이상이 있을 경우 시험위원으로부터 조치를 받고 시험 중에는 재료의 교환 및 추가지급은 하지 않습니다.
4. 요구사항 및 지급재료의 규격은 "정도"의 의미를 포함하며, 재료의 크기에 따라 가감하여 채점합니다.
5. 위생복, 위생모, 앞치마, 마스크를 착용하여야 하며, 시험장비·조리도구 취급 등 안전에 유의합니다.
6. 다음 사항은 실격에 해당하여 채점대상에서 제외됩니다.
    가) 수험자 본인이 시험 도중 시험에 대한 포기 의사를 표현하는 경우
    나) 위생복, 위생모, 앞치마, 마스크를 착용하지 않은 경우
    다) 시험시간 내에 과제 두 가지를 제출하지 못한 경우
    라) 문제의 요구사항대로 과제의 수량이 만들어지지 않은 경우
    마) 완성품을 요구사항의 과제(요리)가 아닌 다른 요리(예, 달걀말이 → 달걀찜)로 만든 경우
    바) 불을 사용하여 만든 조리작품이 작품 특성에 벗어나는 정도로 타거나 익지 않은 경우
    사) 해당과제의 지급재료 이외 재료를 사용하거나, 요구사항의 조리기구(석쇠 등)로 완성품을 조리하지 않은 경우
    아) 지정된 수험자지참물 이외의 조리기술에 영향을 줄 수 있는 기구를 사용한 경우
    자) 가스레인지 화구 2개 이상(2개 포함) 사용한 경우
    차) 시험 중 시설·장비(칼, 가스레인지 등) 사용 시 시험위원 및 타 수험자의 시험 진행에 위해를 일으킬 것으로 시험위원 전원이 합의하여 판단한 경우
    카) 요구사항에 표시된 실격 및 부정행위에 해당하는 경우
7. 항목별 배점은 위생상태 및 안전관리 5점, 조리기술 30점, 작품의 평가 15점입니다.
8. 시험시작 전 가벼운 몸 풀기(스트레칭) 동작으로 긴장을 풀고 시험을 시작합니다.

지급재료목록

두부 150g, **돼지등심**(살코기) 50g, **건표고버섯**(지름 5cm, 물에 불린 것) 1개, **죽순** (통조림(whole), 고형분) 30g, **마늘**(중, 깐 것) 2쪽, **생강** 5g, **진간장** 15ml, **녹말가루**(감자전분) 10g, **청주** 5ml, **참기름** 5ml, **식용유** 500ml, **청경채** 1포기, **대파**(흰부분, 6cm) 1토막, **홍고추**(생) 1개, **양송이**(통조림(whole), 양송이 큰 것) 1개, **달걀** 1개

소스
물(육수) 1/2컵, **진간장** 1작은술, **청주** 1작은술, **참기름** 1/2작은술, **녹말물** 1~1.5큰술

 짝을 지어 잘 나오는 문제 묶어서 공부해 보세요.
해파리 냉채 32p, 부추잡채 56p, 빠스옥수수 100p, 고추잡채 60p, 난자완스 80p

조리과정

01 두부 썰기
- 두부는 사방 5cm의 정육면체로 썬 뒤 대각선으로 반을 잘라서 두께 1cm의 삼각형으로 썬다.

05 돼지고기 초벌하기 ▶ 돼지고기 기름에 데치기('화(化)'하기)
- 돼지고기는 편으로 썰어 간장, 청주로 밑간을 하여 달걀흰자와 녹말가루를 넣고 잘 버무려 두었다가 기름에 데친다.
- 돼지고기 기름에 데치기 (중식조리용어 "화(化)")
- 팬에 버무린 고기가 잠길 만큼의 식용유를 넣고 기름이 30℃ 정도가 되면 옷 입힌 돼지고기를 넣고 고기가 붙지 않도록 젓가락으로 계속 저어준다. 불의 세기가 60~70℃를 넘지 않도록 하며 고기가 떨어지면서 하얗게 떠오르면 체로 건져 기름을 뺀다.

> 화를 하는 이유는 고기를 부드럽게 먹기 위함으로 90% 정도 완숙으로 익힌다.

03 채소 썰기
- 대파는 4등분하여 3cm 길이로 썰고 마늘, 생강은 편으로 썬다. 홍고추는 반으로 갈라 씨를 제거하고 대파와 같은 크기로 썬다.
- (데치는 재료 썰기 : 1.5× 4 cm)
- 죽순은 석회질을 제거하고 빗살을 살려 썰고 양송이는 모양을 살려 썬다. 청경채는 안쪽의 연하고 작은 것으로 골라 죽순과 같은 크기로 썰고 표고버섯은 저며서 썬다. 끓는 물에 죽순, 양송이, 청경채, 표고버섯을 데친다.

04 두부 튀기기
- 두부의 물기를 제거하고 팬에 기름(150℃ 정도)을 두르고 하나씩 붙지 않게 넣어 노릇하게 튀겨낸다.

> 두부 썰기 ➡ 돼지고기 편 썰어 밑간 후 양념하여 버무리기 ➡ 채소 편 썰기(표고버섯, 죽순, 청경채, 양송이, 홍고추, 대파, 마늘, 생강) ➡ 채소 데치기 ➡ 두부 물기 제거하여 튀기기 ➡ 녹말물 만들기 ➡ 완성하기(채소 볶기 – 물 넣기 – 두부, 돼지고기 넣기 – 녹말물 넣기 – 참기름 넣기)

05 녹말물 만들기
- 녹말물(녹말가루 1큰술, 물 2큰술)을 만든다.

06 홍쇼두부 만들기
- 팬을 달궈서 기름을 두르고 대파, 마늘, 생강을 볶다가 진간장(1작은술)과 청주(1작은술)를 넣어 향을 낸다. 이어서 표고버섯, 죽순, 양송이, 홍고추, 청경채 순으로 볶다가 물(육수)(1/2컵)을 넣고 끓으면 튀긴두부와 초벌한 돼지고기("화(化)"한 돼지고기)를 넣는다.

07 홍쇼두부 만들기
- 06 에 녹말물을 넣어 농도를 맞추고 참기름을 둘러 완성한다.

08 완성품 담기
- 완성 접시에 소복이 담아낸다.

1. 돼지고기
- 돼지고기는 납작하게 편 썰기하여 간장, 청주로 밑간을 하였다가 달걀흰자와 녹말가루로 옷을 입히는데 옷이 두껍지 않도록 주의한다.
- 돼지고기초벌 : 기름에 데치기(중식 조리 용어 '화(化)') ➡ 화(化)를 하는 이유는 고기를 부드럽게 먹기 위함으로 팬에 버무린 고기가 잠길 만큼의 식용유를 넣고 기름이 30℃ 정도가 되면 옷 입힌 돼지고기를 넣고 고기가 붙지 않도록 젓가락으로 계속 저어준다. 불의 세기가 60~70℃를 넘지 않도록 하며 고기가 떨어지면서 하얗게 떠오르면 체로 건져 기름을 뺀다.

2. 두부
- 두부는 물기를 제거하고 150℃ 정도의 기름에 노릇하게 튀기며 으깨지거나 붙지 않도록 주의한다.

3. 완성하기
- 향 채소인 대파, 마늘, 생강을 먼저 볶는데 태우지 않도록 유의한다. 청경채의 색이 누렇게 되지 않도록 주의한다.
- 빠르게 볶아야 채소의 색감과 식감을 살릴 수 있다.
- 간장을 적당량 사용하며, 녹말물의 농도에 유의한다.

NCS능력단위 **밥조리**

16 새우볶음밥

(蝦 새우하 仁 어질인 炒 볶을 초 飯 밥반 : 샤런차오판)

 시험시간 **30분**

중국식 볶음밥은 남은 찬밥을 볶아 먹기 시작 한데서 유래했다고 전해지는데 밥과 달걀이 기본이 되며 들어가는 재료에 따라 다양한 볶음밥을 만들 수 있다. 재료들이 떡지지 않고 고슬고슬하게 볶는 것이 볶음밥의 포인트라 하겠다.

감독관의 중점 체크 포인트

- 밥짓기 체크(불린 쌀과 동량의 물을 넣어 밥을 짓는다)
- 달걀볶기 체크(스크램블하여 촉촉하게 익히기)
- 완성된 볶음밥이 고슬고슬한지 체크(밥을 펼쳐서 식힌 후 사용하면 볶음밥이 질어지지 않고 고슬고슬하게 볶을 수 있다)

용어설명

- 샤런(蝦仁) : 새우살
- 차오(炒) : 기름 등으로 볶음
- 판(飯) : 밥

요구사항

※ 주어진 재료를 사용하여 다음과 같이 새우볶음밥을 만드시오.

가. 새우는 내장을 제거하고 데쳐서 사용하시오.
나. 채소는 0.5cm 크기의 주사위 모양으로 써시오.
다. 부드럽게 볶은 달걀에 밥, 채소, 새우를 넣어 질지 않게 볶아 전량 제출 하시오.

수험자 유의사항

1. 만드는 순서에 유의하며, 위생과 숙련된 기능평가를 위하여 조리작업 시 맛을 보지 않습니다.
2. 지정된 수험자 지참 준비물 이외의 조리기구나 재료를 시험장 내에 지참할 수 없습니다.
3. 지급재료는 시험 전 확인하여 이상이 있을 경우 시험위원으로부터 조치를 받고 시험 중에는 재료의 교환 및 추가지급은 하지 않습니다.
4. 요구사항 및 지급재료의 규격은 "정도"의 의미를 포함하며, 재료의 크기에 따라 가감하여 채점합니다.
5. 위생복, 위생모, 앞치마, 마스크를 착용하여야 하며, 시험장비·조리도구 취급 등 안전에 유의합니다.
6. 다음 사항은 실격에 해당하여 채점대상에서 제외됩니다.
   가) 수험자 본인이 시험 도중 시험에 대한 포기 의사를 표현하는 경우
   나) 위생복, 위생모, 앞치마, 마스크를 착용하지 않은 경우
   다) 시험시간 내에 과제 두 가지를 제출하지 못한 경우
   라) 문제의 요구사항대로 과제의 수량이 만들어지지 않은 경우
   마) 완성품을 요구사항의 과제(요리)가 아닌 다른 요리(예, 달걀말이 → 달걀찜)로 만든 경우
   바) 불을 사용하여 만든 조리작품이 작품 특성에 벗어나는 정도로 타거나 익지 않은 경우
   사) 해당과제의 지급재료 이외 재료를 사용하거나, 요구사항의 조리기구(석쇠 등)로 완성품을 조리하지 않은 경우
   아) 지정된 수험자지참물 이외의 조리기술에 영향을 줄 수 있는 기구를 사용한 경우
   자) 가스레인지 화구 2개 이상(2개 포함) 사용한 경우
   차) 시험 중 시설·장비(칼, 가스레인지 등) 사용 시 시험위원 및 타 수험자의 시험 진행에 위해를 일으킬 것으로 시험위원 전원이 합의하여 판단한 경우
   카) 요구사항에 표시된 실격 및 부정행위에 해당하는 경우
7. 항목별 배점은 위생상태 및 안전관리 5점, 조리기술 30점, 작품의 평가 15점입니다.
8. 시험시작 전 가벼운 몸 풀기(스트레칭) 동작으로 긴장을 풀고 시험을 시작합니다.

지급재료목록

쌀(30분 정도 물에 불린 쌀) 150g, **작은 새우살** 30g, **달걀** 1개, **대파**(흰부분, 6cm) 1토막, **당근** 20g, **청피망**(중, 75g) 1/3개, **식용유** 50ml, **소금** 5g, **흰후춧가루** 5g

짝을 지어 잘 나오는 문제 묶어서 공부해 보세요.

빠스옥수수 100p, 오징어 냉채 28p, 빠스고구마 104p

조리과정

01 밥 짓기
- 불려서 지급된 쌀은 체에 밭쳐 물기를 제거한 후 계량컵으로 계량하고 동량의 물을 넣어 고슬고슬하게 밥을 짓는다.

02 새우 손질하여 데치기
- 새우는 등 쪽에서 이쑤시개를 이용하여 내장을 제거하고 끓는 물에 소금을 넣고 데쳐서 체에 밭쳐 두었다가 면보에 물기를 제거한다.

03 채소 썰기
- 대파와 당근, 청피망은 사방 0.5cm 크기의 주사위 모양으로 썬다.

04 달걀물 볶기(스크램블)
- 달걀은 알끈을 제거하고 소금을 넣어 풀어 둔다.
- 팬을 달궈 기름을 두르고 풀어 둔 달걀물을 부어 스크램블 하듯이 부드러운 반숙이 되도록 휘저어 볶아서 접시로 옮겨 담아 놓는다.
- 달걀 볶은 팬에 02 의 새우를 살짝 볶아낸다.

시험장에서의 조리작업 순서

밥짓기(불린 쌀+동량의 물) ➡ 새우내장 제거 및 데치기 ➡ 대파, 당근, 청피망 썰기 ➡ 달걀 물 준비 ➡ 달걀 물 스크램블 ➡ 새우 볶기 ➡ 새우볶음밥 완성하기(팬+식용유+대파+당근+밥+새우살(1/2)+스크램블한 달걀+피망+소금, 흰후추) ➡ 공기에 볶은 새우 담고 새우볶음밥 담기 ➡ 그릇에 뒤집어 담아내기

05 밥 식히기
- 완성된 밥은 접시로 옮겨 펼쳐서 식혀 둔다.

06 볶음밥 만들기(채소와 밥, 새우 볶기)
- 팬을 달궈 기름을 두르고 대파, 당근을 볶고 식힌 밥을 넣어 볶으면서(주걱을 세워서 밥알이 고루 노릇하게 볶는다) 소금과 흰 후춧가루로 간을 한 후 새우살(1/2)을 넣고 밥알이 깨지지 않도록 센 불에서 볶는다.

07 볶음밥 만들기(볶은 달걀과 피망넣기)
- 06 의 밥이 노릇하게 되고 기름이 스며들면 익힌 달걀과 피망을 넣고 고루 섞어 완성한다.

08 완성품 담기
- 밥공기 바닥에 볶은 새우살 남은 것을 담고 완성된 볶음밥을 살짝 누르듯이 담아서 접시에 뒤집어 담아낸다.

참고 사항

1. 밥 짓기
- 불려서 지급되는 쌀은 동량의 물을 넣고 질어지지 않도록 밥을 짓는다.
- 완성된 밥은 접시로 옮겨 식혀서 사용하면 볶음밥이 질어지지 않고 고슬고슬하게 볶을 수 있다.

2. 달걀
- 달걀은 그릇에 깨서 알끈을 제거하고 소금을 약간 넣고 풀어서, 팬에 스크램블 하듯이 부드럽게 익혀서 꺼내두었다가, 볶음밥 마무리에 넣어야 부드럽고 형태도 살아있다.

3. 새우
- 새우의 내장을 제거하고 끓는 물에 데쳐서, 물기를 제거하고 볶아서 사용한다.

4. 재료 볶기
- 팬에 식용유를 두르고 대파를 먼저 볶아 향을 낸다.
- 식힌 밥을 넣고 볶을 때 밥알이 으깨지지 않고 고슬고슬하게 볶아지도록 볶아주며, 청피망은 오래 볶으면 누렇게 되므로 마지막에 넣어 볶아준다.

5. 완성 그릇에 담기
- 볶아진 새우볶음밥은 공기에 살며시 눌러 담고 완성접시에 뒤집어 담아낸다.

NCS능력단위 **면조리**

17 유니짜장면

(肉 고기육 泥 진흙니 炸 터질작 醬 된장장 麵 밀가루면 : 로우니자지앙미엔)

 시험시간 **30**분

유니는 갈은 돼지고기를 뜻하는 중국어인 '유니'에서 온 말로 갈은 돼지고기에 모든 재료를 잘게 다져서 사용하여 만들기 때문에 일반 짜장면에 비해 부드럽게 짜장면을 즐길 수 있다.

감독관의 중점 체크 포인트

- 춘장의 볶아진 상태 체크(뭉치지 않고 타지 않도록 촉촉하게 볶기)
- 면 처리 체크(삶아서 헹군 후 끓는 물에 데치기)
- 짜장소스의 색과 농도 체크

용어설명

- 로우니(肉泥) : 잘게 다진고기
- 자지앙(炸醬) : 짜장
- 미엔(麵) : 면

요구사항

※ 주어진 재료를 사용하여 다음과 같이 유니짜장면을 만드시오.

가. 춘장은 기름에 볶아서 사용하시오.
나. 양파, 호박은 0.5cm x 0.5cm 크기의 네모꼴로 써시오.
다. 중식면은 끓는 물에 삶아 찬물에 헹군 후 데쳐 사용하시오.
라. 삶은 면에 짜장소스를 부어 오이채를 올려내시오

수험자 유의사항

1. 만드는 순서에 유의하며, 위생과 숙련된 기능평가를 위하여 조리작업 시 맛을 보지 않습니다.
2. 지정된 수험자 지참 준비물 이외의 조리기구나 재료를 시험장 내에 지참할 수 없습니다.
3. 지급재료는 시험 전 확인하여 이상이 있을 경우 시험위원으로부터 조치를 받고 시험 중에는 재료의 교환 및 추가지급은 하지 않습니다.
4. 요구사항 및 지급재료의 규격은 "정도"의 의미를 포함하며, 재료의 크기에 따라 가감하여 채점합니다.
5. 위생복, 위생모, 앞치마, 마스크를 착용하여야 하며, 시험장비·조리도구 취급 등 안전에 유의합니다.
6. 다음 사항은 실격에 해당하여 채점대상에서 제외됩니다.
    가) 수험자 본인이 시험 도중 시험에 대한 포기 의사를 표현하는 경우
    나) 위생복, 위생모, 앞치마, 마스크를 착용하지 않은 경우
    다) 시험시간 내에 과제 두 가지를 제출하지 못한 경우
    라) 문제의 요구사항대로 과제의 수량이 만들어지지 않은 경우
    마) 완성품을 요구사항의 과제(요리)가 아닌 다른 요리(예, 달걀말이 → 달걀찜)로 만든 경우
    바) 불을 사용하여 만든 조리작품이 작품 특성에 벗어나는 정도로 타거나 익지 않은 경우
    사) 해당과제의 지급재료 이외 재료를 사용하거나, 요구사항의 조리기구(석쇠 등)로 완성품을 조리하지 않은 경우
    아) 지정된 수험자지참물 이외의 조리기술에 영향을 줄 수 있는 기구를 사용한 경우
    자) 가스레인지 화구 2개 이상(2개 포함) 사용한 경우
    차) 시험 중 시설·장비(칼, 가스레인지 등) 사용 시 시험위원 및 타 수험자의 시험 진행에 위해를 일으킬 것으로 시험위원 전원이 합의하여 판단한 경우
    카) 요구사항에 표시된 실격 및 부정행위에 해당하는 경우
7. 항목별 배점은 위생상태 및 안전관리 5점, 조리기술 30점, 작품의 평가 15점입니다.
8. 시험시작 전 가벼운 몸 풀기(스트레칭) 동작으로 긴장을 풀고 시험을 시작합니다.

지급재료목록

돼지등심(다진 살코기) 50g, **중식면**(생면) 150g, **양파**(중, 150g) 1개, **호박**(애호박) 50g, **오이**(가늘고 곧은 것, 길이 20cm) 1/4개, **춘장** 50g, **생강** 10g, **진간장** 50ml, **청주** 50ml, **소금** 10g, **흰설탕** 20g, **참기름** 10ml, **녹말가루**(감자전분) 50g, **식용유** 100ml

 짝을 지어 잘 나오는 문제 묶어서 공부해 보세요.

탕수육 40p, 오징어 냉채 28p, 빠스옥수수 100p, 난자완스 80p

조리과정

01 채소 썰기
- 양파와 호박은 0.5×0.5cm 정도의 네모꼴로 썰고 생강은 곱게 다진다.
- 오이는 어슷하게 편 썬 후 채 썬다.

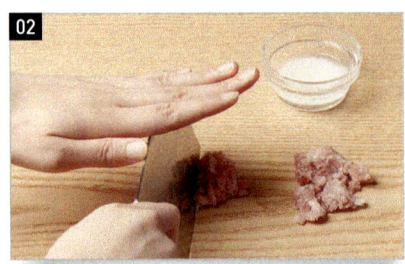

02 돼지고기 다지기, 녹말물 만들기
- 다진 돼지고기는 핏물을 제거하고 다시 한번 다져 준비한다.
- 녹말물(녹말가루 1큰술, 물 2큰술)을 만든다.

03 춘장 볶기
- 팬에 춘장이 잠길 정도의 기름을 넣고 기름온도가 120℃ 정도가 되면 춘장을 넣고 은근하게 볶는다.
- 생 춘장이 풀어지면서 기포가 생기고 구수한 향이 나면(떫은맛도 없어짐) 그릇에 담아 놓는다.
- 이때 춘장이 타거나 눌어붙지 않도록 잘 저어주고 불의 세기에 주의한다.

04 짜장소스 만들기(채소와 고기 볶기)
- 팬을 달궈 기름을 두르고 일부의 양파와 생강, 다진 고기를 넣고 볶다가 간장, 청주를 넣어 향을 낸다.
- 다진 고기가 익으면 나머지 양파와 호박을 넣고 잘 익도록 볶아 준다.

시험장에서의 조리작업 순서

채소 썰기(양파, 호박 ➡ 0.5×0.5cm, 생강 ➡ 다지기) ➡ 오이채 썰기 ➡ 돼지고기 다시 한번 다지기 ➡ 녹말물 만들기 ➡ 춘장 볶기 ➡ 짜장소스 만들기 ➡ 면 삶기(삶기 ➡ 헹구기 ➡ 뜨거운 물에 데치기) ➡ 그릇에 면 담기 ➡ 소스 얹기 ➡ 오이채 얹기

05 짜장소스 만들기(볶은 춘장 넣기)

- 04 의 고기와 채소가 충분히 익어 맛이 나면 볶은 춘장을 넣고 흰설탕(1큰술)과 소금으로 간을 맞춘다.

06 짜장소스 만들기(물 붓고 녹말물로 농도 맞추기)

- 짜장소스와 채소가 잘 어우러지면 물(1컵)을 붓고 살짝 끓이면서 녹말물로 농도를 내주고 참기름을 둘러 짜장소스를 완성한다.

07 중식면 삶기

- 중식면은 끓는 물에 탄력 있게 삶아 찬물에 헹구고 다시 뜨거운 물에 데쳐 물기를 짜서 그릇에 담는다.

08 완성품 담기

- 07 의 면 위에 짜장 소스를 붓고, 오이채를 얹어낸다.

참고사항

1. 춘장 볶기
- 팬에 춘장이 잠길 정도의 기름(식용유2 : 춘장1)을 넣고 춘장을 넣어 타거나 눌어붙지 않도록 불의 세기에 주의하며 떫은맛이 없어지고 구수한 향이 나도록 볶아 그릇에 담아 놓는다.

2. 짜장소스 만들기
- 팬에 약간의 양파와 생강, 다진 돼지고기를 넣고 볶다가 간장, 청주를 넣어 향을 내고 고기가 익으면 다시 나머지 양파와 호박을 넣고 잘 익도록 고루 볶아준 후 볶은 춘장을 넣는데 이때 볶은 재료와 춘장이 잘 어우러지도록 볶아준다.

3. 면 삶아 소스 끼얹기
- 면이 삶아지면 찬물에 헹군 후 반드시 뜨거운 물에 데쳐 물기를 제거하고 그릇에 담아 짜장소스를 끼얹고 오이채를 얹어낸다.

NCS능력단위 **면조리**

18 울면

(溫 따뜻할온 滷 소금로 麵 밀가루면 : 웬루미엔)

 시험시간 **30분**

울면은 육수에 각종 채소와 해산물을 넣고 녹말물과 달걀물을 풀어 넣어 농도를 낸 후 삶은 중식면에 부어 먹는 요리로 짬뽕과 비슷한 요리이긴 하나 고춧가루를 사용하지 않는다.

감독관의 중점 체크 포인트

- 녹말물과 달걀물의 사용 순서 체크(녹말물로 농도를 맞추고 달걀물을 넣는다)
- 달걀물이 덩어리지지 않았는지 체크(달걀물을 높이들어 원을 그리듯 붓는다.)
- 전체적인 농도 체크(녹말물을 3번 나누어 농도를 맞춘다)

용어설명

- 미엔(麵) : 면
- 웬루미엔(溫滷麵) : 온면

요구사항

※ **주어진 재료를 사용하여 다음과 같이 울면을 만드시오.**

가. 오징어, 대파, 양파, 당근, 배추잎은 6cm 길이로 채를 써시오.
나. 중식면은 끓는 물에 삶아 찬물에 헹군 후 데쳐 사용하시오.
다. 소스는 농도를 잘 맞춘 다음, 달걀을 풀 때 덩어리지지 않게 하시오.

수험자 유의사항

1 만드는 순서에 유의하며, 위생과 숙련된 기능평가를 위하여 조리작업 시 맛을 보지 않습니다.
2 지정된 수험자 지참 준비물 이외의 조리기구나 재료를 시험장 내에 지참할 수 없습니다.
3 지급재료는 시험 전 확인하여 이상이 있을 경우 시험위원으로부터 조치를 받고 시험 중에는 재료의 교환 및 추가지급은 하지 않습니다.
4 요구사항 및 지급재료의 규격은 "정도"의 의미를 포함하며, 재료의 크기에 따라 가감하여 채점합니다.
5 위생복, 위생모, 앞치마, 마스크를 착용하여야 하며, 시험장비·조리도구 취급 등 안전에 유의합니다.
6 다음 사항은 실격에 해당하여 채점대상에서 제외됩니다.
　가) 수험자 본인이 시험 도중 시험에 대한 포기 의사를 표현하는 경우
　나) 위생복, 위생모, 앞치마, 마스크를 착용하지 않은 경우
　다) 시험시간 내에 과제 두 가지를 제출하지 못한 경우
　라) 문제의 요구사항대로 과제의 수량이 만들어지지 않은 경우
　마) 완성품을 요구사항의 과제(요리)가 아닌 다른 요리(예, 달걀말이 → 달걀찜)로 만든 경우
　바) 불을 사용하여 만든 조리작품이 작품 특성에 벗어나는 정도로 타거나 익지 않은 경우
　사) 해당과제의 지급재료 이외 재료를 사용하거나, 요구사항의 조리기구(석쇠 등)로 완성품을 조리하지 않은 경우
　아) 지정된 수험자지참물 이외의 조리기술에 영향을 줄 수 있는 기구를 사용한 경우
　자) 가스레인지 화구 2개 이상(2개 포함) 사용한 경우
　차) 시험 중 시설·장비(칼, 가스레인지 등) 사용 시 시험위원 및 타 수험자의 시험 진행에 위해를 일으킬 것으로 시험위원 전원이 합의하여 판단한 경우
　카) 요구사항에 표시된 실격 및 부정행위에 해당하는 경우
7 항목별 배점은 위생상태 및 안전관리 5점, 조리기술 30점, 작품의 평가 15점입니다.
8 시험시작 전 가벼운 몸 풀기(스트레칭) 동작으로 긴장을 풀고 시험을 시작합니다.

지급재료목록

중식면(생면) 150g, **오징어**(몸통) 50g, **작은새우살** 20g, **조선부추** 10g, **대파**(흰부분, 6cm) 1토막, **마늘**(중, 깐 것) 3쪽, **당근**(길이 6cm) 20g, **배추잎**(1/2잎) 20g, **건목이버섯** 1개, **양파** (중, 150g) 1/4개, **달걀** 1개, **진간장** 5ml, **청주** 30ml, **참기름** 5ml, **소금** 5g, **녹말가루**(감자전분) 20g, **흰후춧가루** 3g

짝을 지어 잘 나오는 문제 묶어서 공부해 보세요.

빠스옥수수 100p, 부추잡채 56p, 마파두부 64p, 채소볶음 72p

> **조리과정**

01 재료 준비(채소)
- 대파, 양파, 당근, 배추잎(포떠서 사용)은 6cm 길이로 채 썬다.
- 마늘은 다지고 건목이버섯은 물에 불려 4cm 크기로 뜯거나 썰고, 부추는 6cm 길이로 썬다.

02 재료 준비(해산물)
- 오징어는 껍질을 제거하고 몸통 안쪽에 칼집을 넣어 6cm 길이로 썬다.
  > 데쳤을 때 말리지 않도록 결대로 썬다.
- 새우는 내장을 제거하고 소금물에 씻어 놓는다.

03 달걀물 준비, 녹말물 준비
- 달걀은 소금을 넣고 흰자와 노른자가 잘 섞이게 풀어 놓는다.
- 녹말물(녹말가루 1큰술, 물 2큰술)을 만든다.

04 중식면 삶기
- 중식면은 끓는 물에 탄력 있게 삶아 찬물에 헹구고 다시 뜨거운 물에 데쳐서 완성 그릇에 담는다.

시험장에서의 조리작업 순서

채소 썰기 ➡ 해산물 손질(오징어 칼집, 새우내장 제거) ➡ 달걀물, 녹말물 준비 ➡ 중식면 삶기(삶아서 냉수에 헹군 후 끓는 물에 다시 데치기) ➡ 울면소스 만들기 ➡ 삶은 면에 울면소스 붓기

05 울면소스 끓이기(채소 넣기)

- 냄비에 물(2.5컵)을 붓고 진간장, 청주를 넣고 끓으면 대파, 마늘, 당근, 양파, 배추, 목이버섯 순으로 채소 먼저 넣으면서 소금과 흰 후춧가루로 간을 한다.

06 울면소스 끓이기(해산물 넣기, 녹말물 넣기)

- 05 가 한소끔 끓으면 오징어와 새우, 부추를 넣고 떠오르는 거품을 제거한 후 녹말물을 3회 정도 나누어 넣어가며 약간 걸쭉하게 만든다.

07 울면소스 끓이기(달걀물 넣기)

- 06 에 달걀 물을 높이 들어서 원을 그리듯 밖에서 안으로 돌려가며 퍼지게 붓고 가볍게 열십자로 젓고 참기름을 둘러 마무리한다.

08 완성품 담기

- 삶은 중식면 그릇에 07 을 재료가 고루 보이도록 끼얹어 낸다.

참고 사항

1. 해산물 손질
- 오징어 몸통은 껍질을 제거한 후 안쪽에 길이로 칼집을 넣고 세로로 한번은 칼집을 넣고 두 번째 잘라낸다.
- 새우살은 등쪽에 내장을 제거하고 사용한다.

2. 배추의 도톰한 부분은 저며서 채 썰고, 양파는 양끝을 잘라내고, 채가 일정하게 썬다.

3. 면삶기 : 중식면은 끓는 물에 삶아서 찬물에 헹구고 다시 뜨거운 물에 데쳐 사용한다.

4. 울면소스 만들기
- 채소가 너무 무르거나 해산물이 단단해지지 않도록 주의하며 녹말물을 넣을 때도 3번 정도 나누어 넣으면서 약간 걸쭉하게 만든다.
- 달걀물을 넣을 때 덩어리지지 않도록 약간 높이들어 동그랗게 밖에서 안으로 원을 그려가며 퍼지게 넣는다.

5. 완성하기
- 삶은 면과 울면소스가 모두 따뜻하도록 유지해 준다.

NCS능력단위 **후식조리**

19 빠스옥수수

(拔 뽑을발 絲 실사 玉 구슬옥 米 쌀미 : 빠스위미)

 시험시간 **25분**

빠스 옥수수는 옥수수를 굵게 다져서 달걀노른자와 밀가루로 반죽하여 둥근 공 모양으로 만들어 노릇하게 튀겨낸 후 갈색 설탕 시럽에 버무려 낸 음식으로 '빠스'는 중국 한자 발사(拔絲)의 발음 바스가 된소리가 된 것으로 재료를 기름에 튀긴 후 설탕 시럽을 만들어 버무렸을 때 설탕이 실처럼 늘어지도록 만든 음식을 빠스라 한다.

감독관의 중점 체크 포인트

- 반죽의 상태 체크(질어지지 않도록 옥수수의 물기를 제거하고 사용한다)
- 완자에 시럽이 묻은 상태 체크
- 실이 잘 일어나고 완성품의 개수(6개 제출)가 맞는지 체크

용어설명

- 빠스(拔絲) : 고구마, 마·연뿌리·사과 등에 뜨거운 엿·꿀·설탕을 묻혀 만든 요리로 식은 뒤 젓가락으로 집으면 실과 같이 늘어짐
- 위미(拔絲玉米) : 옥수수

요구사항

※ **주어진 재료를 사용하여 빠스옥수수를 만드시오.**

가. 완자의 크기를 지름 3cm 공 모양으로 하시오.
나. 땅콩은 다져 옥수수와 함께 버무려 사용하시오.
다. 설탕 시럽은 타지 않게 만드시오.
라. 빠스 옥수수는 6개 만드시오.

수험자 유의사항

1. 만드는 순서에 유의하며, 위생과 숙련된 기능평가를 위하여 조리작업 시 맛을 보지 않습니다.
2. 지정된 수험자 지참 준비물 이외의 조리기구나 재료를 시험장 내에 지참할 수 없습니다.
3. 지급재료는 시험 전 확인하여 이상이 있을 경우 시험위원으로부터 조치를 받고 시험 중에는 재료의 교환 및 추가지급은 하지 않습니다.
4. 요구사항 및 지급재료의 규격은 "정도"의 의미를 포함하며, 재료의 크기에 따라 가감하여 채점합니다.
5. 위생복, 위생모, 앞치마, 마스크를 착용하여야 하며, 시험장비ㆍ조리도구 취급 등 안전에 유의합니다.
6. 다음 사항은 실격에 해당하여 채점대상에서 제외됩니다.
    가) 수험자 본인이 시험 도중 시험에 대한 포기 의사를 표현하는 경우
    나) 위생복, 위생모, 앞치마, 마스크를 착용하지 않은 경우
    다) 시험시간 내에 과제 두 가지를 제출하지 못한 경우
    라) 문제의 요구사항대로 과제의 수량이 만들어지지 않은 경우
    마) 완성품을 요구사항의 과제(요리)가 아닌 다른 요리(예, 달걀말이 → 달걀찜)로 만든 경우
    바) 불을 사용하여 만든 조리작품이 작품 특성에 벗어나는 정도로 타거나 익지 않은 경우
    사) 해당과제의 지급재료 이외 재료를 사용하거나, 요구사항의 조리기구(석쇠 등)로 완성품을 조리하지 않은 경우
    아) 지정된 수험자지참물 이외의 조리기술에 영향을 줄 수 있는 기구를 사용한 경우
    자) 가스레인지 화구 2개 이상(2개 포함) 사용한 경우
    차) 시험 중 시설ㆍ장비(칼, 가스레인지 등) 사용 시 시험위원 및 타 수험자의 시험 진행에 위해를 일으킬 것으로 시험위원 전원이 합의하여 판단한 경우
    카) 요구사항에 표시된 실격 및 부정행위에 해당하는 경우
7. 항목별 배점은 위생상태 및 안전관리 5점, 조리기술 30점, 작품의 평가 15점입니다.
8. 시험시작 전 가벼운 몸 풀기(스트레칭) 동작으로 긴장을 풀고 시험을 시작합니다.

지급재료목록

옥수수(통조림, 고형분) 120g, **땅콩** 7알, **밀가루**(중력분) 80g, **달걀** 1개, **흰설탕** 50g, **식용유** 500ml

짝을 지어 잘 나오는 문제 묶어서 공부해 보세요.

난자완스 80p, 새우케첩볶음 68p, 울면 96p, 유니짜장면 92p,
깐풍기 44p, 경장육사 76p, 새우볶음밥 88p

조리과정

01 옥수수 물기 빼기
- 캔 옥수수는 물에 살짝 씻은 후 체에 밭쳐 물기를 뺀다.

수분이 많으면 반죽이 질어질 수 있으므로 주의한다.

02 땅콩 다지기
- 땅콩은 껍질을 벗겨 입자가 있게 다진다.

칼 면으로 눌러서 굵게 으깬 후 칼날로 다진다.

03 옥수수 다지기
- 물기 뺀 옥수수는 입자가 있게 다진다.

04 옥수수 반죽하기
- 튀김기름은 중불로 서서히 올려 온도를 맞춘다.
- 넓은 볼에 다진 옥수수와 땅콩을 넣고 달걀노른자(1/2큰술), 밀가루(2~3큰술)를 넣어 되직하고 쫀득하게 반죽한다.

시험장에서의 **조리작업 순서**

옥수수 물기 빼기 ➡ 땅콩껍질 벗겨 입자 있게 다지기 ➡ 옥수수 다지기 ➡ 옥수수 반죽하기 (옥수수, 땅콩 + 달걀노른자(1/2큰술), 밀가루(2~3큰술)) ➡ 옥수수 완자 튀기기 ➡ 시럽 만들기 ➡ 갈색시럽에 옥수수 완자 넣어 버무리기 ➡ 찬물(1/2큰술) 넣어 버무리기 ➡ 완성 접시에 담기

05 옥수수 완자 튀기기

- 기름 온도가 150℃가 되면 한 손에 반죽을 쥐고 지름 3cm 공 모양으로 숟가락으로 떠서 넣는다.
- 재빠르게 6개가 되도록 넣고 중불에서 속까지 익도록 노릇하게 천천히 익혀 건져 기름을 제거한다.

06 설탕시럽 만들기

- 시럽 입힌 빠스옥수수를 옮겨둘 접시에 기름(1작은술)을 발라 둔다.
- 팬에 기름(1큰술)을 둘러 코팅하고 흰설탕(3큰술)을 넣어 중불이하에서 연한 갈색시럽이 되도록 저어가며 녹여 설탕시럽을 만든다.

07 시럽에 버무리기

- 06에 튀긴 옥수수를 넣고 재빠르게 저어주면서 가는 실이 일어나면 찬물(1/2큰술)을 끼얹어 시럽이 옥수수에 잘 묻게 만들고 기름을 바른 접시에 겹치지 않게 펼쳐 서로 달라붙지 않게 식힌다.

08 완성품 담기

- 완성 접시에 실이 살도록 빠스 옥수수를 담아낸다.

참고사항

1. 옥수수 처리
- 캔 옥수수는 물에 살짝 헹구어 체에 밭쳐 물기를 빼고 사용한다.
- 물기 뺀 옥수수는 굵게 다진다. 너무 곱게 다지면 씹히는 맛이 떨어진다.

2. 옥수수 반죽하기
볼에 다진 옥수수와 땅콩을 넣고 달걀노른자와 밀가루를 넣어 반죽하는데 반죽이 너무 질거나 되직하지 않도록 주의하며 쫀득하게 버무린다.

3. 튀기기
기름 온도가 높으면 속은 익지 않은 채로 겉만 타므로 140~150℃의 적정온도에 속까지 익도록 노릇노릇하게 튀긴다.

4. 시럽 만들어 버무리기
- 팬에 식용유(1큰술) 소량을 두르고 설탕(3큰술)을 고루 펴서, 설탕이 녹아 들어가기 시작하면 타지 않도록 고루 저어 연한 갈색의 시럽을 만드는데 설탕이 완전히 녹고 갈색으로 변하면서 점성이 묽어지면 실이 생기는 시점으로 보고 튀겨낸 옥수수를 넣고 가볍고 신속하게 버무려준다. 이후 찬물(1/2큰술)을 끼얹어 순간 시럽의 열기가 식어 완자를 하나씩 떼어내기 쉽게 한다.

5. 담기
- 기름 바른 접시에 빠스옥수수를 젓가락으로 하나씩 잡아 가느다란 실이 생기도록 들어 올려서 담는다.

NCS능력단위 **후식조리**

20 빠스고구마

(拔 뽑을발 絲 실사 地 땅지 瓜 참외과 : 빠스띠꾸아)

 시험시간 **25분**

빠스 고구마는 다각형으로 썬 고구마를 노릇하게 튀겨낸 후 갈색 설탕시럽에 버무려 낸 음식으로 '빠스'는 중국 한자 발사(拔絲)의 발음 바스가 된소리가 된 것으로 재료를 기름에 튀긴 후 설탕 시럽을 만들어 버무렸을 때 설탕이 실처럼 늘어지도록 만든 음식을 빠스라 한다.

감독관의 중점 체크 포인트

- 고구마 썰어 놓은 것 체크 (다각형으로 돌려 썰기)
- 고구마튀김 상태 체크 (150℃에서 노릇하게)
- 고구마에 시럽이 잘 묻고 실이 잘 일어났는지 체크

용어설명

- 빠스(拔絲) : 고구마, 마·연뿌리·사과 등에 뜨거운 엿·꿀·설탕을 묻혀 만든 요리로 식은 뒤 젓가락으로 집으면 실과 같이 늘어짐
- 띠꾸아(地瓜) : 고구마

요구사항

※ 주어진 재료를 사용하여 다음과 같이 빠스고구마를 만드시오.

가. 고구마는 껍질을 벗기고 먼저 길게 4등분을 내고, 다시 4cm 길이의 다각형으로 돌려썰기 하시오.
나. 튀김이 바삭하게 되도록 하시오.

수험자 유의사항

1. 만드는 순서에 유의하며, 위생과 숙련된 기능평가를 위하여 조리작업 시 맛을 보지 않습니다.
2. 지정된 수험자 지참 준비물 이외의 조리기구나 재료를 시험장 내에 지참할 수 없습니다.
3. 지급재료는 시험 전 확인하여 이상이 있을 경우 시험위원으로부터 조치를 받고 시험 중에는 재료의 교환 및 추가지급은 하지 않습니다.
4. 요구사항 및 지급재료의 규격은 "정도"의 의미를 포함하며, 재료의 크기에 따라 가감하여 채점합니다.
5. 위생복, 위생모, 앞치마, 마스크를 착용하여야 하며, 시험장비·조리도구 취급 등 안전에 유의합니다.
6. 다음 사항은 실격에 해당하여 채점대상에서 제외됩니다.
   가) 수험자 본인이 시험 도중 시험에 대한 포기 의사를 표현하는 경우
   나) 위생복, 위생모, 앞치마, 마스크를 착용하지 않은 경우
   다) 시험시간 내에 과제 두 가지를 제출하지 못한 경우
   라) 문제의 요구사항대로 과제의 수량이 만들어지지 않은 경우
   마) 완성품을 요구사항의 과제(요리)가 아닌 다른 요리(예, 달걀말이 → 달걀찜)로 만든 경우
   바) 불을 사용하여 만든 조리작품이 작품 특성에 벗어나는 정도로 타거나 익지 않은 경우
   사) 해당과제의 지급재료 이외 재료를 사용하거나, 요구사항의 조리기구(석쇠 등)로 완성품을 조리하지 않은 경우
   아) 지정된 수험자지참물 이외의 조리기술에 영향을 줄 수 있는 기구를 사용한 경우
   자) 가스레인지 화구 2개 이상(2개 포함) 사용한 경우
   차) 시험 중 시설·장비(칼, 가스레인지 등) 사용 시 시험위원 및 타 수험자의 시험 진행에 위해를 일으킬 것으로 시험위원 전원이 합의하여 판단한 경우
   카) 요구사항에 표시된 실격 및 부정행위에 해당하는 경우
7. 항목별 배점은 위생상태 및 안전관리 5점, 조리기술 30점, 작품의 평가 15점입니다.
8. 시험시작 전 가벼운 몸 풀기(스트레칭) 동작으로 긴장을 풀고 시험을 시작합니다.

지급재료목록

고구마(300g) 1개, 식용유 1000ml, 흰설탕 100g

짝을 지어 잘 나오는 문제 묶어서 공부해 보세요.

새우케첩볶음 68p, 고추잡채 60p, 난자완스 80p, 유니짜장면 92p,
양장피잡채 36p, 새우볶음밥 88p

조리과정

01 고구마 썰기 (다각형)
- 튀김기름은 중불로 서서히 올려 온도를 맞춘다.
- 고구마는 껍질을 벗기고 길게 4등분을 내고 다시 4cm 길이의 다각형으로 돌려 썰기한다.

02 고구마 튀기기(150℃)
- 기름 온도가 150℃가 되면 고구마를 넣어 튀긴다.
- 고구마의 속이 익고 표면이 노릇해지면 체에 건져서 까불러 바삭한 소리가 나면 고구마를 건져 기름을 제거한다.

03 기름칠한 접시 준비
- 시럽 입힌 고구마를 옮겨둘 접시에 기름(1작은술)을 발라 둔다.
- 시럽과 고구마를 섞으면서 사용할 찬물(1/2큰술)을 준비해 둔다.

04 설탕시럽 만들기
- 팬에 기름(1~1.5큰술)을 둘러 코팅하고 흰설탕(5~6큰술)을 넣어 중불 이하에서 연한 갈색 시럽이 되도록 저어가며 녹여 설탕 시럽을 만든다.

시험장에서의 조리작업 순서

튀김기름 올리기 ➡ 고구마는 길이로 4등분 하여 4cm길이의 다각형으로 돌려 썰기 ➡ 150℃ 튀김기름에 고구마 튀기기 ➡ 시럽 만들기 ➡ 갈색 시럽에 튀긴 고구마 넣어 버무리기 ➡ 찬물(1/2큰술) 넣어 버무리기 ➡ 완성 접시에 담기

05 시럽에 버무리기

- 설탕이 녹아서 물엿처럼 흘러내릴 때 튀긴 고구마를 넣고 재빨리 약 10초 정도 버무린다.

06 시럽입힌 고구마에 찬물 끼얹기

- 고구마 사이 사이에 가는 실이 생기면 찬물(1/2큰술)을 끼얹어 시럽이 고구마에 잘 묻게 만든다.

07 시럽 묻힌 고구마 식히기

- 기름 바른 접시에 시럽 묻힌 고구마를 젓가락으로 실이 잘 나도록 만들어 서로 붙지 않게 식힌다.

08 완성품 담기

- 완성 접시에 실이 살도록 빠스 고구마를 담아낸다.

참고 사항

1. **튀김기름**
   - 고구마를 썬 후에 기름을 불에 올리면 시험시간이 모자라므로 먼저 튀김기름을 중, 약 불에 은근히 달아오르게 올려둔다.
2. 고구마는 먼저 길게 4등분을 내고, 다시 4cm 정도 길이의 다각형으로 돌려 썰기한다.
3. **고구마 튀기기**
   - 고구마는 두께가 있어서 높은 온도에서 튀기면 속은 안 익은 상태로 겉만 타게 되므로 150℃ 전·후의 온도에서 속까지 고루 익을 수 있도록 유의한다.
4. **시럽 만들어 버무리기**
   - 팬에 식용유(1~1.5큰술) 소량을 두르고 설탕(5~6큰술)을 고루 펴서, 설탕이 녹아 들어가기 시작하면 타지 않도록 고루 저어 갈색의 시럽을 만드는데 설탕이 완전히 녹고 갈색으로 변하면서 점성이 묽어지면 실이 생기는 시점으로 보고 튀겨낸 고구마를 넣고 가볍고 신속하게 버무려준다. 이후 찬물(1/2큰술)을 끼얹어 순간 시럽의 열기가 식어 고구마를 하나씩 떼어내기 쉽게 한다.
5. **담기** : 기름 바른 접시에 빠스고구마를 젓가락으로 하나씩 잡아 가느다란 실이 생기도록 들어 올려서 담아낸다.

중식

조리기능사 실기시험문제

2026년 01월 05일 인쇄
2026년 01월 20일 발행

지은이_ 노수정(조리기능장), 문안나(조리기능장),
　　　　권정일(조리기능장), 김봉훈(조리기능장),
　　　　임병용(조리기능장), 최정민(조리기능장)
펴낸이_ 이강복
펴낸곳_ (주)도서출판 책과상상

출판등록_ 제2020-000205호
주　　소_ 경기도 고양시 일산동구 장항로 203-191
편집문의_ 02-3272-1703
구입문의_ 02-3272-1704
홈페이지_ www.sangsangbooks.co.kr
I S B N_ 979-11-6967-338-9

값 16,000원

저자협의
인지생략